Déséquilibre

Gérard Cohadier

Déséquilibre

Roman

LE LYS BLEU
ÉDITIONS

ISBN : 979-10-422-3495-9

À la mémoire de mon père,
Jojo pour les intimes
et pour moi aussi.

À ma femme et à mes fils.

1

Gorki, Russie
Juin 1990

Ludmila laissa échapper un faible soupir, s'étira lentement et allongea le bras. Il n'était plus là, mais les draps étaient encore chauds.

Ce n'était pas un matin comme les autres, c'était le dernier matin. Celui que l'on redoute. Celui que l'on sait inéluctable et que l'on range au fond du tiroir fermé à double tour des pensées nauséabondes. Leur amour avait vécu. Un amour brut, comme le champagne qu'ils s'accordaient parfois comme unique richesse. Une passion folle et torride. Un amour conjugué au présent, sans promesses inutiles.

Elle entrouvrit les yeux. Dans la pâle lumière de l'aube, elle vit sa silhouette se découper devant la fenêtre qui donnait sur la Volga, en contrebas. Il était là, nu et immobile, le regard fixé au loin. À quoi pouvait-il penser ? À ces trop rares et brefs moments de bonheur qu'ils avaient passés ensemble ? Au futur incertain ? Ou plus prosaïquement à son retour en France ? Elle n'eut pas le courage ou la volonté de le tirer de sa rêverie. Elle préféra concentrer sa pensée sur ses fesses musclées et attirantes. Ils avaient fait l'amour trois fois cette nuit, comme le bouquet final d'un feu d'artifice. Elle était épuisée, autant par le manque de sommeil que par le vide qui s'annonçait.

Ils s'étaient rencontrés sous les dorures de la grande salle de réception de l'hôtel Kievsky, lors d'un cocktail organisé par la société avec laquelle il discutait affaires. Elle n'était pas fille facile, mais le regard bleu azur de cet homme athlétique l'avait transpercée aussi facilement qu'un couteau s'enfonce dans une motte de beurre. Deux verres et ses déboires amoureux du moment avaient suffi pour qu'elle accepte un rendez-vous. « Le coup de foudre », lui avait dit sa sœur. Effectivement, telle la puissance insondable des forces de la nature, leurs cœurs s'étaient aussitôt embrasés. L'envol vers des sommets d'extase, sans questions parasites ni discussions d'avenir. Ils vivaient simplement un rêve éveillé lors de ses séjours à Gorki. Au fil du temps, elle s'était imaginé, un peu naïvement, qu'il finirait par lui proposer autre chose que ces week-ends de passage, qu'il lui offrirait plus que ces merveilleuses soirées d'amour. Mais dernièrement, elle avait senti vaciller la flamme de leur aventure. La perestroïka avait rebattu les cartes, les investisseurs avaient changé, revenaient sans cesse sur leurs propositions et, surtout, ils étaient devenus plus gourmands. Bref, on n'arrivait pas à s'entendre. Lassé par ces atermoiements, il avait pris la décision, à contrecœur, d'aller voir ailleurs. Pourtant, elle avait voulu y croire jusqu'au bout. Elle en avait brûlé des cierges à l'église de la Nativité-de-la-Sainte-Vierge. À croire qu'Il s'en foutait, là-haut !

Elle remonta le drap sur sa poitrine et ferma les yeux comme pour s'extraire du temps présent. Tel un film, elle revit les longues promenades sur les berges de la Volga, se rappela le silence envoûtant d'un matin d'hiver en haut des murs du Kremlin où, serrés l'un contre l'autre, ils regardaient le soleil dessiner des arabesques à l'endroit où l'Oka et la Volga se rejoignent. Elle esquissa un sourire en repensant à la visite écourtée au musée Dobrolioubov pour rentrer satisfaire une envie d'amour. Elle entendit leurs rires insouciants lors de la tournée des boutiques sur l'avenue Pokrovskaya, peu de temps avant Noël. Machinalement, elle caressa la petite médaille qu'il lui avait offerte ce soir-là. Il avait tenu à faire graver les initiales de leurs prénoms, « A et L », en caractères latins. Il les avait dessinées lui-même dans une calligraphie permettant d'entrelacer les lettres. Le bijoutier s'était appliqué à les recopier. Le rendu était parfait.

Elle rouvrit les yeux, il n'avait pas bougé. Elle eut soudainement l'envie de sauter du lit, de se jeter sur lui, de le serrer dans ses bras, de sentir la chaleur de son corps, de faire l'amour une dernière fois, mais elle se retint, par peur de rompre le charme et, inconsciemment, de précipiter son départ.

Tel un point d'orgue sur une partition, le silence pesant enveloppant la pièce soulignait la triste réalité du moment. Ils n'avaient pas besoin de grandes phrases pour se comprendre. Souvent, un regard suffisait. Mais à cet instant précis, il ne la regardait pas, il lui tournait le dos, comme un lien qui se brise. Elle était de nature discrète et sauvage. Elle n'aimait pas les grandes envolées et les éclats de voix. Elle reprochait aux Russes leur propension à se noyer dans l'alcool, ce qui lui valait ses déceptions amoureuses. Alors que lui était peu bavard, voire timide. Elle s'était toujours demandé comment il avait fait pour lui proposer de la revoir lors de leur première rencontre. Mais l'amour sait prendre des chemins improbables. Plus que des phrases, son regard envoûtant et son sourire avaient suffi à la séduire et à la rendre heureuse. Il n'exprimait que le strict nécessaire, la joie, la tristesse, la profondeur de ses sentiments et l'importance du temps présent. Elle aurait dû se douter dès le début que ce serait pure folie.

Une cloche sonna dans le lointain. La corne d'un bateau lui répondit. La nuit agonisait. Quelques heures, juste quelques heures avant de le voir partir à l'aéroport pour prendre son vol à destination de Moscou. À sa question : « Tu reviendras ? », il avait répondu sobrement, comme à son habitude, mais avec des yeux humides : « Je ne sais pas. » Elle n'avait pas insisté. Elle avait eu le temps de se faire à l'idée.

Dix mois de bonheur ne s'effaceraient pas aussi facilement de sa mémoire. Mais son cœur se serra en pensant à son anniversaire, dans quinze jours, qu'elle fêterait sans lui.

2

Aéroport de Roissy
Décembre 2019

François Audebert sortit de l'aéroport d'un pas décidé. Dehors, un brouillard perlé dessinait des halos autour des lampadaires allumés. Il se dirigea aussitôt vers la Mercedes qui l'attendait, warnings allumés, devant la file des taxis. Son chauffeur se précipita pour lui ouvrir la porte.

— Bonsoir Monsieur ! Vous avez fait bon voyage ?

— Excellent, Victor ! Excellent, merci ! ajouta-t-il en s'engouffrant dans le véhicule.

Une douce chaleur l'envahit. Il se cala au fond de son siège. Le SUV démarra dans le silence feutré des voitures de luxe.

— Au bureau Victor. Je dois déposer des documents, ensuite je vous libère, je rentrerai chez moi avec ma voiture.

— Très bien Monsieur.

17 h 30.

Comme toujours, la sortie de l'aéroport était encombrée et la circulation s'en trouvait ralentie. La chaussée mouillée reflétait les feux-stops des voitures qui semblaient danser à travers les vitres où des gouttes d'eau hésitaient sur le chemin à prendre. Il se détendit et se laissa bercer par le rythme lancinant des essuie-glaces. Ces derniers jours avaient été chargés, fatigants même, mais il était content. Le contrat peaufiné par ses juristes et durement négocié ces derniers mois était signé. Audebert Industrie prenait son envol à l'international.

Nommé directeur général en début d'année par son père, président de l'héritage industriel familial, il avait fait de ce contrat son objectif principal, comme la démonstration de la confiance qu'on lui avait accordée. Aujourd'hui, il pouvait être fier.

Il se mit à penser au chemin parcouru par la modeste entreprise de mécanique de précision créée dans le Doubs en 1896 par son arrière-arrière-grand-père Eugène. Un précurseur, ce gars-là. Cet homme eut-il seulement conscience du potentiel de l'outil industriel qu'il avait mis en place ? Cela était peu probable et, s'il y pensa, il n'eut guère le temps de se faire à cette idée. Mort prématurément en 1925, des suites des privations et des souffrances engendrées par la Première Guerre mondiale, c'est son fils Louis qui avait repris l'affaire en catastrophe, à l'âge de 28 ans. Louis-le-capitaine comme on le surnommait. Le surdoué de la famille, disait-on depuis deux générations. Car malgré son jeune âge, il avait su maintenir à flot les ateliers Audebert dans un premier temps et, surtout, était à l'origine de leur formidable développement. Un homme visionnaire et tenace pour son époque. La diversification de la production, la qualité qu'il imposait, un management exigeant et une politique commerciale agressive en avaient été le moteur. Les résultats ne s'étaient pas fait attendre. Les demandes croissantes du secteur automobile, de l'aéronautique et, dans une moindre mesure, de l'armée française avaient fait exploser les commandes et, par ricochet, le chiffre d'affaires. D'une entreprise locale, il en avait fait une entreprise régionale en moins de dix ans. Un fleuron de l'industrie française. Et si la Deuxième Guerre mondiale en avait freiné le développement, elle n'avait en rien brisé sa volonté ni son dynamisme. L'après-guerre avait été prospère et il avait su en profiter. Entouré d'ingénieurs brillants, de nombreux brevets avaient été déposés à cette époque-là et la diversification et la complexification des produits accélérées. Au début des années cinquante, deux nouvelles usines avaient été inaugurées. Une dans l'est de la France pour répondre aux besoins de l'automobile et une autre au sud de Toulouse pour accompagner l'envol de l'aéronautique. Ressentant la nécessité de centraliser les décisions, il avait installé les bureaux de la direction rue du faubourg Saint-Honoré, à Paris, dès 1963. Un homme d'envergure comme on en voit peu. On aurait pu le surnommer Louis-le-roc tellement il était robuste et endurant. Il avait fallu attendre son soixante-dixième anniversaire, en 1967, pour qu'il daigne passer la main à son fils aîné Jean, le grand-père de François. Mais c'est bien Louis-le-capitaine qui restait gravé dans les mémoires, celui qui fit passer une petite entreprise du Doubs à la taille d'une entreprise nationale. Aujourd'hui, celle-ci prenait une dimension internationale. Ah, si Eugène était là pour voir ça !

— Je prends une déviation pour éviter les bouchons à l'approche de la porte de la Chapelle, monsieur.

— Faites comme bon vous semble Victor !

Malgré tous ces épisodes glorieux et ce contrat à l'international qui poussait à l'optimisme, François Audebert était soucieux. Après sa nomination au poste de directeur général, il avait décidé de confier la direction commerciale à son jeune frère Maxime malgré les réticences de son père, et une baisse des résultats se faisait déjà sentir. Des retours faisaient état d'un manque de suivi, de décisions tardives, voire surprenantes. Son père s'en était inquiété et il fallait prendre des mesures. Intelligent, mais frivole, Maxime avait tendance à se disperser. Il devait le reprendre en main. En attendant, il était heureux d'avoir pu recruter de façon indirecte, lors de ses récentes négociations, une personne brillante et surtout disponible, qui viendrait renforcer ce secteur.

3

Moscou, café Pouchkine
Décembre 2019

Le taxi s'arrêta au 26A du boulevard Tverskaya. Sans un mot et sans se retourner, le chauffeur désigna le taximètre d'un geste brusque et intimidant. Sébastien Delval régla la course et remercia le butor non sans une pointe d'ironie dans la voix. Dehors, des paillettes de neige voletaient devant la façade illuminée du café Pouchkine. La nuit serait encore glaciale. Il descendit le premier, remonta le col de sa parka et tendit la main à Natalia pour l'aider à s'extirper de la voiture. Dans un rire communicatif, ils se précipitèrent vers l'entrée du restaurant où un homme élégant leur ouvrit la porte en les saluant avec prestance. Une douce chaleur et un brouhaha les enveloppèrent immédiatement.

Sébastien avait retenu une table au deuxième étage pour plus d'intimité. Après un détour par le vestiaire, ils contournèrent le bar et empruntèrent l'escalier. Au fur et à mesure qu'ils montaient les marches, les bruits diffus du rez-de-chaussée s'estompaient, l'ambiance devenait feutrée. Bientôt, ils entendirent les notes délicates de la harpiste qui se tenait sur le palier du dernier niveau pour accueillir la clientèle. Sous les reflets d'une lumière tamisée, le stuc, les boiseries, les plafonds décorés et les enfilades de livres anciens dans des bibliothèques patinées dessinaient la délicatesse du 19e siècle.

Un serveur en tenue d'époque s'approcha silencieusement et les accompagna à une table discrète nichée derrière un imposant globe terrestre où les annotations sur les continents avaient des accents d'aventure. D'un geste ample et en s'inclinant imperceptiblement, l'homme recula la chaise de Natalia pour lui permettre de prendre place et s'effaça aussi discrètement qu'il était apparu pour laisser le couple profiter de son intimité.

À peine assis, Sébastien prit la main de Natalia et chuchota :

— Heureuse ?

Elle lui répondit d'un sourire radieux. Bien des choses avaient changé dans sa vie ces cinq dernières années. L'arrivée de Sébastien comme nouveau directeur commercial et dont elle s'était méfiée au début en raison de son jeune âge pour le poste. Mais rapidement, elle avait reconnu ses capacités professionnelles et, dans la foulée, elle en était tombée aussi follement amoureuse que lui était tombé raide d'elle. Mais il leur en avait fallu du temps pour se l'avouer parce qu'elle n'était pas fille à s'engager à la légère et que lui se méfiait des jolies femmes russes cherchant à pigeonner un Occidental. Finalement, le temps avait fait son œuvre et leur amour sincère avait fini par triompher. Néanmoins, une ombre planait sur leur bonheur. Elle savait qu'après quelques années d'expatriation, il devrait retourner en France. L'idée de la séparation qui se profilait lui était insupportable, tout comme la décision sur son avenir qu'elle n'arrivait pas à prendre. Mais un événement aussi inattendu que cruel résolut le dilemme qui la torturait depuis longtemps. Sa mère mourut d'un cancer foudroyant après trois mois d'agonie. La douleur monta comme la lave d'un volcan et s'éteignit doucement dans les bras de Sébastien. Fille unique, sans nouvelles de son père depuis l'âge de six ans, après que sa mère l'eut foutu à la porte avec ses bouteilles de vodka comme seuls bagages, ni de sa vieille tante, partie suivre un ornithologue au fin fond de l'Oural, elle n'avait plus d'attaches familiales à Moscou. Aussi, quand il lui avait proposé de venir vivre avec lui à Paris, elle avait sauté de joie. Elle avait envie d'un autre monde, d'une autre vie. D'autant que depuis l'annexion de la Crimée en 2014 et les déclarations inquiétantes de Vladimir Poutine sur le Donbass, elle ressentait comme un certain malaise. L'ambiance n'était pas à la zénitude.

Sébastien la regardait avec tendresse. Avec ses mèches blondes caressant ses épaules, sa peau satinée et ses yeux *caraïbe*, comme il aimait à dire, rapport aux eaux cristallines des îles du même nom, Natalia avait la beauté des déesses de l'antiquité. Une beauté juvénile – on lui donnait 18 ans bien qu'elle en ait 28 – une beauté naturelle, tout juste ornée d'une touche discrète de maquillage.

Il réalisait maintenant le chemin parcouru depuis son arrivée en Russie, chargé par sa direction du développement d'une société de haute technologie dans les micromécanismes, et les débuts hésitants avec Natalia, sa jeune collaboratrice. Le succès des premiers contrats décrochés dans le domaine de l'automobile et de l'aéronautique. Et puis, rapidement, son attirance irrésistible pour cette jeune fille aussi brillante que jolie. Petit à petit, le chemin de la réussite était devenu *leur* chemin. Une réussite mathématique, bien sûr, avec une augmentation régulière du chiffre d'affaires de 10 % par an, mais surtout, une communion dans la vision de l'avenir, de *leur* avenir. Il pouvait partir serein. Il laissait à son successeur des projets dorés sur tranche avec, en prime, un tout nouveau contrat de partenariat avec la société Audebert Industrie et la construction d'une usine dans les faubourgs de Moscou. Menées avec François Audebert, le fils du grand patron, les discussions avaient duré plus de six mois. Cet accord venait couronner une expatriation réussie, mais offrait également une superbe opportunité à Natalia. Elle avait pris une part très active dans ce projet et avait pu démontrer toutes ses capacités, ce qui lui avait valu, outre des compliments, une proposition d'embauche de la part de François Audebert pour renforcer leur activité commerciale en France, sachant qu'elle venait vivre à Paris.

Aujourd'hui, une page se tournait. Demain, ils seraient dans l'avion. Après-demain, ils prépareraient Noël. Il sourit à son tour.

— Champagne ?

4

Paris
Janvier 2020

Aurélie attendait plus. Quoi exactement ? Elle ne savait pas. Voilà deux mois qu'il lui faisait miroiter des contacts, qu'il lui promettait de changer sa vie. « Tu verras, cela peut arriver très vite », disait-il avec, malgré tout, un sourire ravageur sur les lèvres qu'elle n'arrivait pas à définir. Charmeur ou moqueur ? Pas plus tard qu'en début de semaine, il lui avait dit avoir des nouvelles. Cela se précisait. Elle brûlait d'envie de savoir ce qu'il avait à lui dire et voulait le voir au plus vite. « D'accord, mais chez toi, alors. » « Chez moi ? » avait-elle bafouillé. C'était la première fois qu'il proposait cela. « Oui, je cernerai mieux ta personnalité. » Elle avait hésité. « Cela sera un atout pour ton avenir. » Alors, obnubilée par son rêve, impatiente ou insouciante, elle avait accepté de le recevoir pour prendre un verre. Oh, un verre de vin, pas plus, ses parents avaient beau être aisés, régler le loyer de son petit appartement, payer ses leçons de conduite, subvenir à ses moindres besoins, elle n'était pas dépensière. Elle se demandait si elle avait bien fait. Ce n'était pas un camarade de fac et il était plus âgé qu'elle. Mais il lui avait été présenté par une connaissance, alors elle pouvait avoir confiance. Malgré tout, prudente, elle avait mis un moment à choisir sa robe. Ni trop longue, ni trop courte. Pas de décolleté aguichant. Élégante, raffinée, mais sobre. Le résultat se voulait discret, mais elle rayonnait de beauté et de fraîcheur du haut de ses vingt ans et de son mètre soixante-dix.

12 h 20

Elle frissonna, sans doute impressionnée par la situation. Il paraissait plus grand, plus sérieux que d'habitude. Il n'avait pas son sourire habituel, mais le regard incertain des hommes qui se sentent supérieurs.

— C'est mignon chez toi !

Aurélie ne savait pas s'il était sincère ou s'il se moquait d'elle. L'espace était modeste. Un coin cuisine avec deux tabourets de bar, un espace de travail avec un bureau, un divan, une table basse, deux fauteuils et, au fond, sa chambre et la salle de bain.

Il retira son manteau et le jeta d'un geste machinal sur l'un des fauteuils plantés au milieu de la pièce, l'autre étant occupé par un matou roulé en boule.

— Alors ? demanda-t-elle précipitamment.

Elle se mordit les lèvres d'un tel empressement à aborder l'objet de sa visite.

— Des choses se précisent, répondit-il évasivement.

Aurélie fut contrariée par cette réponse imprécise, justement. Ce ton évasif et, surtout, *des choses*. Quoi *des choses*. Il n'y avait rien de plus concret ?

Elle se reprit et demanda : « C'est-à-dire ? »

Pour toute réponse, elle reçut : « Tu veux que je l'ouvre ? »

Elle avait oublié le vin. Elle fit oui de la tête et hésita à reposer sa question. Sans un mot, elle le regarda déboucher la bouteille premier prix qu'elle avait achetée à l'épicerie du coin. Elle n'y connaissait rien, mais l'étiquette lui avait plu.

— Tu as des verres ?

Elle sortit deux verres d'un placard en réfléchissant à son angle d'attaque. Intelligente, en deuxième année de fac de droit, elle avait l'habitude d'analyser les situations, de poser des questions, de mener une conversation, mais là, elle était impressionnée. Elle finit par poser une question des plus banales.

— Et alors, ces nouvelles ?

Son regard se fit plus profond, comme s'il voulait la transpercer.

— J'ai encore une personne à voir, dit-il, légèrement irrité.

— Ah… !

Il versa le vin délicatement.

Aurélie se figea, vexée, en colère contre elle-même. Elle aurait dû lui demander qui, quand ? Mais non, au lieu de cela, un simple « Ah… » Vraiment, quelle conne !

— Mais assieds-toi, voyons, ne reste pas debout !

Cette phrase ne fit que souligner son manque d'assurance, sa faiblesse, la domination qu'il exerçait sur elle. Son esprit commença à s'embrouiller. Elle hésita et, finalement, s'assit sur le divan, les deux fauteuils étant occupés. Elle essaya de se reprendre, mais demanda avec autant de maladresse : « Donc, ces nouvelles ? »

Il la regarda intensément et répondit sèchement : « Patiente, voyons, patiente ! »

Un malaise l'envahit. Ce regard, ces réponses imprécises. Lui qui d'habitude était si disert, voire volubile, ne répondait que par des phrases énigmatiques. Que cachait-il ? Où étaient les beaux discours qu'il lui tenait depuis des mois ? Elle finit par lâcher : « Mais je ne fais que ça… »

— Ce n'est pas toi qui décides ! dit-il durement.

— Bien sûr, mais…

Sa voix se fêla. Une pointe lui mordit le cœur. C'était la première fois qu'il élevait le ton. Ses traits s'étaient durcis. Elle ne le reconnaissait pas. Il la fixait, immobile. Elle ressentit l'instinct du prédateur attendant le bon moment pour se jeter sur sa proie. Instinctivement, elle se recroquevilla au fond du divan.

— Voyons, de quoi as-tu peur ? lança-t-il.

Parbleu… Il osait lui demander de quoi elle avait peur ? Mais de lui, évidemment. Elle venait de comprendre qu'il n'était pas venu pour lui donner des nouvelles, mais pour quelque chose de précis, de plus… palpable.

Elle voulait fuir, mais, avant qu'elle n'eût le temps de se lever, il lui avait pris le bras. Sa main ferme lui faisait mal. Elle essaya de se libérer, mais il serra encore plus fort.

— Voyons, laisse-moi ! parvint-elle à crier.

— Ne crie pas, petite sotte ! hurla-t-il en la secouant.

Elle lui balança une baffe qui résonna comme un appel au secours. Elle vit ses yeux devenir aussi rouges que sa joue. Ses lèvres tremblaient, mais aucun son ne sortait de sa bouche. Elle pressentit la réplique arriver et mit sa main devant son visage pour se protéger, mais au lieu de cela, il la fit basculer sur le divan. Avant qu'il n'ait eu le temps de se jeter sur elle, elle réussit à lui donner un violent coup de genou à un endroit sensible, que tout le monde reconnaîtra. Il poussa un cri de douleur et la gifla à son tour. Sous la violence du choc, elle resta un moment étourdie. Quand elle revint à elle, elle vit son visage déformé par la colère. Son cœur s'accéléra. Elle sentit une main passer dessous sa robe. Elle eut à peine le temps d'ouvrir la bouche qu'il la lui referma d'une main ferme. Elle sentait son odeur forte et désagréable la pénétrer au plus profond d'elle-même. Elle eut un haut-le-cœur. Elle se débattait de toutes ses forces, agrippant ce qu'elle pouvait attraper. D'un geste brusque, il lui déchira le haut de sa robe. Elle sentit une main humide se presser contre sa poitrine. Folle de rage et de désespoir, elle jetait ses bras et ses jambes de tous côtés. Elle profita d'un bref moment de répit pour crier, mais, avec une haine farouche décuplant sa force, il lui serra la gorge pour la faire taire. Ses cris s'étouffaient. Elle sentit sa gorge la brûler. Elle luttait, luttait, mais la lutte était inégale. Déjà, ses forces faiblissaient. Déjà, elle sentait l'épuisement la gagner, sa vue se troubler, ses bras se ramollir. Son rêve se brisait.

Il était 12 h 29.

5

Natalia observait par la fenêtre de son bureau un ouvrier s'acharner sur une canalisation au fond d'un trou béant. Deux autres le regardaient en fumant une cigarette et un troisième, appuyé sur un panneau publicitaire, pianotait sur son portable. Les travaux débordaient sur la chaussée du faubourg Saint-Honoré et gênaient la circulation. Les voitures klaxonnaient en cherchant à éviter la chicane occasionnelle, la benne à gravats, les vélos, les scooters, les trottinettes et les piétons qui contournaient les barrières sécurisant l'excavation. Comparée aux larges avenues moscovites, cette rue lui paraissait minuscule. Au moins, cet endroit de Paris était propre. Ce n'était pas comme certains quartiers que Sébastien lui avait fait visiter et où des immondices jonchaient les rues. Le pire, c'était cet endroit au nord de la capitale – elle ne se souvenait pas du nom – où un camp de migrants étalait toute sa misère. Moscou avait ses poivrots et ses débauchés qui laissaient leurs détritus le long des rues ou dans les passages souterrains tout au long de la nuit, mais au petit matin, tout était nickel, une armée de cantonniers avait fait le ménage.

— Vous permettez, madame ?

Natalia se retourna. Un déménageur venait chercher des cartons empilés près de la porte.

— Je vous en prie.

Le siège d'Audebert Industrie quittait le centre de Paris pour s'installer dans de nouveaux locaux sur la colline de Saint-Cloud, plus modernes, plus spacieux. Une page se tournait. Les bureaux se vidaient progressivement de l'âme qui les habitait depuis plus d'un demi-siècle, et celui où elle se trouvait semblait agoniser dans la grisaille du mois de janvier.

Voilà deux jours qu'elle avait pris son poste et elle n'avait pas encore vu son chef, Maxime Audebert. En visite dans l'une de nos usines, lui avait dit François en l'accueillant. Prenez vos marques, faites connaissance avec Delphine, elle est au courant de tout.

Delphine était la secrétaire de la direction commerciale. Une petite femme boulotte, montée sur ressorts et affichant constamment un sourire de première communiante. Maxime Audebert devait rentrer en fin de matinée, lui avait-elle assuré. Mais le temps passait et il n'était toujours pas là. En attendant, elle avait eu le temps de faire connaissance avec ses plus proches collaborateurs. Un accueil cordial et chaleureux, à l'exception d'un certain Dumontier qui, visiblement, se serait bien vu directeur adjoint à sa place. Un grincheux, on l'appelle Duschnock, lui avait glissé Delphine. Elle n'avait pas bien compris ce que cela voulait dire, mais elle devinait que cela ne devait pas être flatteur.

Malgré son activité débordante – elle courait dans tous les sens pour orienter les déménageurs, répondre au téléphone, vérifier l'adressage des cartons – Delphine avait eu le temps de juger Natalia et l'admirait déjà. Belle, gracieuse, aimable, polie, discrète. Elle n'avait pas assez d'adjectifs. Elle avait immédiatement été impressionnée par sa vivacité d'esprit. En deux jours, et malgré la pagaille, elle s'était familiarisée avec l'organigramme de l'entreprise, avait parcouru les principaux rapports, posé nombre de questions judicieuses et souligné certaines incohérences. Bien sûr, son passé chez Mosprom, société avec laquelle Audebert Industrie venait de signer un accord de partenariat, lui facilitait sans doute la tâche, mais quand même. Maxime Audebert serait parfaitement secondé, conseillé, voire guidé. Car elle n'était pas dupe Delphine, elle était une ancienne de la maison et avait travaillé avec son frère, François, avant que celui-ci ne soit nommé au poste de directeur général. Elle voyait bien la différence. Maxime était intelligent, certes, mais il était jeune, distrait, peu précis, peu assidu et souvent en retard, comme aujourd'hui. Il était lunatique et pouvait s'énerver d'un seul coup. On le disait fêtard et joueur. Son nom n'apparaissait jamais en première ligne des événements importants de la société. On disait que son père ne le considérait pas à la hauteur du poste. Son frère avait soutenu sa candidature, mais suite à des critiques à peine voilées lors de conseils de direction, conjuguées à une baisse des commandes, le doute s'était installé dans son esprit, ce qui l'avait conduit à rechercher une personne compétente pour redresser la situation. Le hasard l'avait conduit à Natalia.

Delphine entra dans son bureau.

— Monsieur Audebert le jeune vient d'arriver.

Elle s'amusait à l'appeler ainsi en comparaison avec son frère.

— Il souhaiterait vous voir.

— Merci, Delphine.

Le bureau de Maxime Audebert était quasiment vide. Seuls restaient la table de travail, un fauteuil, une armoire et un meuble bas sur lequel une bouteille d'alcool ne pouvait plus se cacher. Maxime Audebert l'accueillit avec un demi-sourire. Il ressemblait à son frère, mais en plus grand.

— Entrez, je vous en prie. Heureux de faire votre connaissance, ajouta-t-il en lui tendant la main.

— Moi de même, monsieur.

— Appelez-moi Maxime, si vous le voulez bien. Nous sommes amenés à travailler ensemble.

Natalia trouva cela un peu cavalier pour une première rencontre, mais elle n'en laissa rien paraître.

— Bienvenue chez Audebert Industrie.

— Merci.

— Vous vous appelez Natalia…

— Natalia Karsimova, dit-elle, le sentant hésiter.

— Oui, c'est ça. Mais si vous n'y voyez pas d'inconvénients, je vous appellerai Natalia.

— … Je vous en prie.

— Désolé, je ne peux vous proposer une chaise, la dernière vient de partir.

— Ce n'est pas grave.

— Je suis heureux de votre arrivée. J'espère que vous vous sentirez à l'aise chez nous. Mon frère m'a dit beaucoup de bien de vous. Vos compétences nous seront très utiles. Vous savez, ce n'est pas l'activité qui manque. Trois usines, de nombreux clients, des nouveaux produits… Je compte sur vous pour m'épauler au mieux.

— Vous pouvez compter sur moi.

— Je n'en doutais pas. Tout est bousculé avec le changement de site, mais dès lundi, je souhaiterais vous confier le projet Solicam. C'est une société en pleine expansion, à l'avenir prometteur. Ils sont intéressés par nos derniers produits, mais les discussions sont délicates. Delphine vous donnera le dossier.

Natalia acquiesça de la tête sans faire de commentaire. En fait, elle l'avait déjà lu le dossier Solicam. Delphine lui avait glissé dans les mains dès son arrivée avant que celui-ci ne soit rangé dans un carton soigneusement référencé. Avec les incohérences qu'elle y avait relevées, il n'était pas surprenant que les discussions soient… délicates. Delphine devait le savoir et ce n'était certainement pas un hasard si elle lui avait donné à lire. Mais cela la rassura. D'entrée, il lui confiait un dossier important. Cela démontrait la confiance qu'il plaçait en elle, ou peut-être le besoin d'un œil, disons… plus aiguisé. Quoi qu'il en soit, Maxime Audebert lui paraissait sincère. Un parler franc et direct.

— Je ne sais pas si Delphine vous en a parlé, mais j'organise une réception dans nos nouveaux locaux, demain soir. J'aurais souhaité votre présence.

— Vous croyez… Dès mon arrivée ?

— Bien sûr ! Cela me fera l'occasion de vous présenter à nos meilleurs clients. Certains parmi eux sont intéressés par notre prochaine implantation à Moscou. Vos connaissances de Mosprom et du pays seront les bienvenues. D'ailleurs, j'ai demandé à Delphine de contacter Sébastien Delval pour qu'il participe à cet événement. Nos sociétés sont partenaires maintenant.

— Oui, c'est exact. Eh bien, vous pouvez compter sur moi.

— C'est parfait. Maintenant, si vous voulez bien m'excuser, je dois vous laisser, j'ai une réunion. Cela risque de ne pas être long si on doit rester debout, dit-il en souriant. On pourra se revoir plus tard si vous le souhaitez.

— Volontiers.

— Et si vous avez besoin de quelque chose, n'hésitez pas à demander à Delphine, elle fera le maximum pour vous le procurer, même si elle doit me torturer.

— Merci.

— Ah, j'oubliais… ajouta-t-il en la voyant partir, le service du personnel a des documents à vous faire signer.

— Très bien, j'y descends tout de suite.

Elle sortit du bureau, rassurée. Maxime Audebert était familier, sans doute moins professionnel que son frère, mais sympathique.

Elle se précipita dans l'escalier pour rejoindre le service du personnel. Dans le hall d'accueil, les déménageurs s'apprêtaient à décrocher l'imposante photo en noir et blanc de Louis-le-capitaine où on le voyait poser devant l'entrée de l'atelier créé par son père. Un homme carré, raide comme un manche de pioche, au nez pointu, au regard d'aigle et au veston élimé, qui soulignait le peu d'importance qu'il devait accorder à son apparence. Rien qu'à le voir, on devinait qu'il valait mieux ne pas faire de conneries.

6

Après un détour dû à des travaux, le capitaine de police judiciaire Paul Corval arriva enfin rue Pestalozzi. Les places étaient chères et il se gara à cheval sur un bout de trottoir. « Merde, encore un samedi de foutu ! » laissa-t-il échapper en sortant de sa voiture. Un ciel gris plombait la luminosité et une pluie fine accentuait la sensation de froid. Il releva le col de son blouson et se précipita vers l'entrée d'un immeuble situé à l'angle de la rue. Un gardien de la paix attendait en tapotant des pieds sur le trottoir. En voyant arriver le capitaine, il se redressa et salua.

— Rez-de-chaussée, au fond du couloir, à droite. Le lieutenant Marchery vient juste d'arriver et le…

Mais Corval passa en trombe devant lui et s'engouffra dans le couloir sombre et humide sans écouter la suite. Il passa devant un escalier et un ascenseur hors d'âge et s'arrêta au fond du couloir au seuil d'une porte grande ouverte. Un silence pesant le saisit et une odeur âcre lui piqua les narines. Marchery se tenait au centre d'une pièce où toutes les lumières étaient allumées. Dans un coin, un jeune type était assis à même le sol, prostré.

— Pour une fois, t'es pas le premier. Tu t'es paumé ?

— Non, j'ai été emmerdé par les travaux. Pas toi ?

— Moi ? Non, j'ai pris le métro !

Corval s'approcha. Une jeune fille reposait sur un divan, les yeux exorbités avec une expression de peur sur son visage figé pour toujours. Sa robe était relevée, le haut déchiré. Un bras pendait dans le vide et la main était violacée. Il lui manquait une chaussure. Visiblement, il y avait eu lutte. Des traces sur son cou laissaient peu de doute sur les causes de la mort. À côté, une bouteille de vin et deux verres remplis aux trois quarts étaient posés sur une table basse. Il jeta un œil vite fait au reste de la pièce, tout semblait en ordre.

— Qui a découvert le corps ?

Sans quitter la victime des yeux, Marchery désigna du bras le jeune homme prostré dans le coin de la pièce. Il ne pouvait détacher son regard de la jeune fille.

— Si ce n'est pas malheureux ! Si jeune…

— Préviens la scientifique.

— Ouais, je m'en occupe.

— Vous pouvez vous lever, s'il vous plaît ? demanda Corval en s'approchant du jeune homme.

Celui-ci s'appuya sur le mur et déplia sa grande carcasse. Il était aussi jeune que la victime. Hagard, les yeux embués, les lèvres tremblantes, il n'avait pas l'air dans son assiette.

— Vous êtes monsieur ?

— Delcourt !

— Delcourt comment ?

— Édouard Delcourt.

— Quand avez-vous découvert le corps ?

— Ce matin, en arrivant.

— Il était quelle heure ?

— Environ 10 h 30.

Corval se retourna. Vidal venait d'arriver.

— Salut, ta cliente t'attend sur le divan !

Le légiste esquissa un sourire. Marchery lui donna une tape sur l'épaule qui se voulait amicale, mais du haut de son mètre quatre-vingt-douze, celle-ci fit plutôt l'effet d'un coup de fusil.

— La porte était ouverte quand vous êtes arrivé ?

— Non.

— Comment êtes-vous entré ?

— Avec ma clé.

Corval fronça les sourcils.

— Vous avez une clé ?

— Bah oui, on… on se fréquentait. Elle me l'avait donnée.

Corval cherchait à comprendre.

— Avant d'ouvrir, vous avez sonné ?

— Oui, deux ou trois fois !

— Mais vous n'avez pas eu de réponse. Il ne vous est pas venu à l'esprit qu'elle n'était pas là ?

— Heu… si, répondit-il d'une voix à peine audible.

— Et vous avez quand même décidé d'entrer ?

— Bah… oui. Je pensais l'attendre.

« Mouais, pourquoi pas, se dit Corval. Après tout, c'est son petit ami et il a la clé, ils doivent avoir leurs habitudes. »

— Donc c'est vous qui avez ouvert. La porte était verrouillée ?

— Oui… enfin, non !

— Oui quoi ? Non, quoi ?

— Oui, c'est moi qui ai ouvert, mais la porte n'était pas verrouillée, elle était juste claquée.

L'information était importante. Si la serrure avait été verrouillée, une clé aurait été nécessaire. Mais claquée, n'importe qui pouvait l'avoir fait en sortant. Il fallait examiner la porte. S'il n'y avait aucune trace d'effraction, cela voulait dire que la victime avait ouvert à son meurtrier. Le connaissait-elle ?

— Qu'avez-vous fait en entrant ?

— Je l'ai tout de suite aperçue sur le divan. Je me suis approché et en la voyant dans cette position, j'ai compris que… qu'elle était morte.

— Qu'avez-vous fait ensuite ?

— J'ai appelé la police.

— Et après, vous avez touché à quelque chose ?

— Non, rien. J'ai attendu.

— Vous êtes sûr ! Vous n'avez pas touché aux verres ni à la bouteille ?

— Non, je vous assure !

Corval hocha la tête, rassuré. Ces éléments devraient pouvoir leur fournir des indices précieux.

— Comment s'appelle la victime ?

Le jeune homme renifla.

— Aurélie Darmon.

— Que faisait-elle dans la vie ?

— Elle était étudiante en fac de droit. C'est là que l'on s'est rencontrés.

— Vous l'avez vue quand pour la dernière fois ?

Édouard Delcourt marqua un temps d'arrêt, comme s'il réfléchissait.

— Mardi après-midi.

— Où ça ?

— À la fac !

Corval s'étonna. Voilà un garçon qui était le petit ami de la victime, qui rentrait chez elle à sa guise et ils ne s'étaient pas vus depuis quatre jours.

— Vous la connaissiez depuis longtemps ?

— Depuis un peu plus d'un an.

— Vous savez si elle avait des problèmes, si elle se sentait menacée ?

— … Non.

— Vous aviez remarqué quelque chose de particulier dans son comportement ces derniers temps ? Un changement d'attitude ?

— Non.

Le jeune homme pâlissait au fur et à mesure que les questions pleuvaient. Il dut s'appuyer contre le mur pour ne pas tomber. Il semblait terrorisé. Mais Corval avait encore des questions. Ce qui le chagrinait, c'était cette histoire de clé et, surtout, le fait qu'ils ne se soient pas vus ces quatre derniers jours. À cet âge-là, on est plutôt collé serré.

— Pourquoi êtes-vous venu ce matin ?

— Je voulais voir si elle allait bien.

— Pourquoi, elle allait mal ?

Le jeune homme hésita à répondre, mal à l'aise.

— Non… c'est simplement qu'elle avait beaucoup de travail. Il hésita de nouveau. Elle a eu la grippe il y a quelque temps et elle avait pris du retard dans ses cours.

Cette explication ne répondait pas aux interrogations que se posait Corval sur la nature de leur relation. Mais surtout, cela ne collait pas avec la bouteille de vin et les deux verres sur la table basse. Si elle était aussi débordée qu'il le disait, qui avait-elle bien pu recevoir ? De toute évidence, cela avait mal tourné. D'ailleurs, une autre question lui trottait dans la tête. Pourquoi n'avait-elle pas une chambre en résidence universitaire ?

— Vous savez pourquoi votre amie habitait dans cet appartement plutôt qu'en résidence universitaire ?

— Ses parents ont les moyens et elle préférait avoir son indépendance.

« Indépendance qui lui a sans doute coûté la vie, se dit Corval. Quoique, on en avait vu d'autres sur des campus. »

— Vous savez où habitent ses parents ?

— À Rueil, je crois. Mais je ne sais pas où exactement.

— Ce n'est pas grave. On va trouver.

— Regarde, dit Marchery en s'approchant de son chef. J'ai trouvé ça sur son bureau.

Corval tourna la tête. Marchery tenait dans ses mains un dossier sur lequel était écrit : « Isa, à traiter d'urgence », mais rien à l'intérieur.

— Bizarre, non ?

— Ça vous dit quelque chose ? demanda Corval au jeune homme.

— Oui, Isa est la meilleure camarade de fac d'Aurélie. Elles préparaient ensemble des exposés.

— Isa comment ?

— Isabelle Tellier.

— Vous avez ses coordonnées ?

— Heu… oui, j'ai son numéro de portable.

— Parfait, on va la contacter.

Le jeune homme sortit son portable de sa poche d'une main tremblante. Il faisait peine à voir et Corval jugea qu'il n'était pas nécessaire de le faire souffrir davantage.

— Vous allez également nous laisser vos coordonnées pour que l'on puisse vous joindre en cas de besoin. Pour l'instant, ce sera tout. Rentrez chez vous pour vous reposer, vous en avez bien besoin.

Édouard Delcourt ne demanda pas son reste et s'en alla d'un pas mal assuré. Corval le regarda partir, pensif.

— À quoi penses-tu ? demanda Marchery en observant son chef.

— Je ne sais pas. Ce type est paumé, mais il est bizarre.

— C'est-à-dire ?

— D'un côté, il est sous le choc et a l'air sincère. De l'autre, il est le petit ami de la victime et il prétend ne pas l'avoir vue depuis quatre jours. Tu y crois, toi ?

Marchery fit la moue. Il n'avait aucune idée sur la question.

— Et puis il dit qu'il a trouvé la porte fermée en arrivant, enfin, juste claquée. Il a frappé, mais elle ne répondait pas, évidemment. Malgré tout, il a quand même décidé d'entrer. Tu ferais ça, toi ?

Marchery se contenta de hausser les épaules.

— Il faut demander à la scientifique de vérifier s'il y a eu effraction. Sinon, cela signifierait qu'elle a ouvert la porte à son agresseur.

— Tu crois que c'est lui ?

— Non. Son comportement m'interpelle, mais cela n'en fait pas pour autant un meurtrier. C'était sa petite amie, pour quelle raison aurait-il commis un acte d'une telle cruauté ?

— Je ne sais pas moi. Une rivalité amoureuse !

— À vingt ans ? Non ! Et puis, tu l'as vu ? Il n'est pas épais. Il faut être costaud pour étrangler quelqu'un.

— Peut-être un coup de folie. Dans ces cas-là, on ne se maîtrise plus. On ne sent plus sa force.

— Ouais, mais… non, je n'y crois pas. En revanche, j'ai le sentiment qu'il ne nous dit pas toute la vérité.

Vidal se préparait à partir après avoir fini ses premières constatations.

— Alors ? demanda Corval.

— C'est bien ce que je pensais. Mort par noyade, répondit le légiste.

— Tu… tu déconnes !

Vidal éclata de rire. Il n'était pas le dernier à plaisanter.

— Mais non, elle a été étranglée. Les traces sur son cou sont celles des doigts d'une main puissante.

— Elle a été violée ?

— Je ne crois pas, mais je dois l'examiner.

— Et pour l'heure de la mort ?

— La rigidité cadavérique et la température du corps me permettent de situer la mort entre midi et 14 h, hier. Je vous précise tout cela après l'autopsie. Elle a de la peau sous ses ongles. Elle a dû se débattre. Je vous donnerai mon rapport rapidement avec les résultats des analyses toxicologiques. En attendant, dès que la scientifique aura fait son boulot, vous pourrez faire enlever le corps.

— Merci toubib, à bientôt !

Vidal se recula prudemment pour éviter une nouvelle tape amicale de la part de Marchery.

— Bon, ce n'est pas tout, mais j'ai un pot-au-feu qui m'attend, moi ! dit-il en saluant les deux flics.

Marchery le regarda partir avec des étoiles dans les yeux. Son estomac criait famine, mais ils devaient finir d'inspecter les lieux.

C'était un petit deux pièces. Des mugs, des assiettes, des sachets de thé et une boîte de biscuits traînaient sur le plan de travail de la cuisine. La porte du petit frigo était recouverte de photos diverses. Vacances, papa, maman, copains, copines, un chat… Le coin bureau était surchargé de livres, de papiers et d'un carnet à dessins parmi lesquels Marchery avait trouvé le dossier « Isa ». Un ordinateur portable était ouvert. Rien de spécial dans les placards, au fond des tiroirs, ni sous les coussins.

— C'est quoi cette odeur persistante ? demanda Corval.

— Je pense que c'est la litière du chat, répondit Marchery en montrant la caisse à côté du frigo. Il doit y avoir des poils partout. Je suis bon pour faire une crise.

Corval se retint de rire. Un type taillé comme une deuxième ligne de rugby avec des yeux larmoyants à cause d'une boule de poils…

— Tu l'as vu ?

— Qui ?

— Le chat !

— Ouais, je l'ai vu se barrer quand je suis arrivé. Il a dû avoir pitié de moi.

— Je vais faire un tour dans la chambre. Toi, va dans la salle de bain.

— Regarde si tu trouves son téléphone !

— Tu ne l’as pas trouvé ?

— Non ! répondit Marchery. Ce n’est pas normal.

L’inspection des lieux touchait à sa fin quand la scientifique arriva.

— Pas mécontent de vous voir, lança Marchery qui salivait depuis un bon moment en pensant à l’entrecôte qu’il allait déguster dans la brasserie du coin qu’il avait repérée en arrivant. Un réflexe des pros de la fourchette. On vous passe le relais.

Les hommes en blanc ne relevèrent pas et commencèrent à faire leur boulot. C’est à ce moment que Corval sortit de la chambre avec quelque chose dans les mains.

— Regarde, j’ai trouvé ça dans le tiroir de la table de chevet !

C’était deux sachets contenant chacun trois petits comprimés roses avec une marque triangulaire au centre.

— De la drogue ?

— C’est probable. Tiens, du boulot pour vous, dit Corval en tendant un des sachets à un membre de l’équipe de la police scientifique.

— Bon, si on a fini, je vais bouffer, dit Marchery.

— Ouais, mais tu restes dans le coin pour faire une enquête de voisinage. Il faut fouiller dans la vie de cette jeune fille. Tout savoir sur elle. Ses loisirs, ses passions, ses plats préférés. Qui elle fréquentait en dehors de son copain. De mon côté, je vais commencer par son amie Isabelle Tellier. Je contacte Genevois pour qu’il nous trouve les coordonnées de ses parents et qu’il regarde sur les réseaux sociaux ce qu’il peut trouver sur la victime. On fait un point dans l’après-midi. OK ?

Marchery approuva de la tête. Du moment qu’il pouvait aller déguster son entrecôte, il était d’accord sur tout.

7

Corval tournait en rond dans son bureau en attendant Marchery. Il n'avait pas réussi à joindre les parents d'Aurélie Darmon. Genevois avait trouvé leur adresse à Rueil et un numéro de ligne fixe, mais personne ne répondait. Il réessaierait plus tard. Il avait également appelé Isabelle Tellier, mais sans plus de succès. Il avait laissé un message pour qu'elle le rappelle au plus vite en se gardant bien de lui dire la raison de son appel. Il ne voulait pas l'affoler. Mais il s'était présenté en tant que capitaine de police judiciaire et se disait que cela devrait suffire à l'inciter à rappeler rapidement.

Il se resservit un café.

Les premières constatations étaient troublantes. Il y avait d'abord la bouteille de vin et les verres. Pourquoi étaient-ils restés sur la table basse ? Le meurtrier ne les avait certainement pas touchés, sinon, il les aurait enlevés pour éviter de laisser ses empreintes. Mais peut-être les avait-il essuyés ? Ou alors il avait été dérangé et avait dû quitter précipitamment les lieux ? Dans ce cas, il se pourrait que quelqu'un l'ait vu et l'enquête de voisinage pourrait se révéler payante. Mais il était possible également que son acte l'ait mis dans un état second, annihilant ses facultés de jugement et qu'il soit parti sans penser aux indices qu'il laissait derrière lui. C'était possible. Dans les deux cas, les relevés d'empreintes seraient précieux. Ensuite, ils n'avaient pas trouvé le portable de la jeune fille. C'était surprenant, d'autant que rien n'avait été dérobé dans l'appartement. Ce n'était pas un crime crapuleux. Elle avait encore sa chaîne, sa montre, une bague et ils avaient retrouvé son portefeuille avec ses papiers, sa carte de crédit et des espèces. Cela tendait à prouver que le meurtrier l'avait emporté, ce qui mettait à mal les hypothèses précédentes. On ne pense pas à subtiliser un téléphone en cas de départ précipité ou si on est aveuglé par l'acte que l'on vient de commettre. Dans ce cas, celui-ci avait certainement dû l'éteindre pour ne pas être localisé. Il n'avait pas demandé le numéro de la victime à Édouard Delcourt, mais il l'obtiendrait facilement par Isabelle Tellier, et Genevois analyserait ses appels et ses messages en récupérant les fadettes. On pourrait également retracer ses derniers déplacements en sachant où son téléphone avait borné. Et puis il y avait ces petits comprimés. Prise occasionnelle ou trafic ? Différent avec un dealer ? Enfin, il y avait le dossier Isa, urgent, mais vide. Le meurtrier l'avait-il pris ? Cela paraissait peu crédible s'il s'agissait d'un simple travail d'étudiantes. Au moins, pour ce dernier point, il espérait avoir des explications dès qu'il pourrait interroger sa camarade de fac.

— La sortie c'est par là ! dit Marchery en voyant son chef tourner en rond dans son bureau, perdu dans ses pensées.

Corval releva la tête.

— Alors, t'as des infos ?

— Ouais ! Heureusement que j'ai croisé sa voisine après le déjeuner, sinon, je serais revenu bredouille.

— Et alors ?

— C'est une vieille dame charmante avec un café et des gâteaux délicieux. Ça m'a réconforté de la brasserie du coin, car l'entrecôte…

— Ouais, bon, ça va ! coupa Corval. Dis-moi plutôt ce qu'elle t'a dit !

— Au départ, pas grand-chose d'intéressant pour l'enquête. Une gamine discrète, polie, sans histoires. Elle avait emménagé il y a un peu plus d'un an.

Il s'arrêta pour lancer un café.

— Et quoi d'autre ?

— D'après elle, elle ne recevait pas grand monde, à part une amie ou deux et son petit copain, évidemment. Et c'est là que ça devient intéressant, car elle m'a certifié avoir justement croisé Édouard Delcourt en sortant de l'immeuble hier matin.

— Ah bon ! T'es sûr qu'elle parlait bien de lui ?

— Certain ! La description qu'elle m'en a faite est conforme, de la mèche de cheveux aux Converses rouges.

— Il était quelle heure ?

— 10 h 50.

— C'est précis !

— Je lui ai fait la même remarque, mais elle m'a dit être sortie dès la fin de son feuilleton. Tu sais, un truc comme « Amour, gloire et… »

— Non, je ne sais pas, mais parfois la télé a du bon.

— En tous cas, il était reparti quand elle est revenue à 11 h 30, car son scooter n'était plus là. Ce qui veut dire qu'il n'était pas sur les lieux au moment du meurtre d'après la plage horaire que Vidal nous a donnée.

— Ouais. N'empêche qu'il a menti en affirmant ne pas avoir vu sa copine depuis mardi. Il va falloir…

Il s'interrompit, son portable sonnait. Il reconnut immédiatement le numéro qu'il avait composé une demi-heure auparavant.

Oui, mademoiselle Tellier ! Merci de me rappeler… Oui, cela concerne votre amie Aurélie Darmon… Je ne peux pas vous en parler comme ça au téléphone, mais je souhaite vous poser quelques questions... Pardon ? Oui, le plus tôt possible, c'est important... Non, non, ne vous inquiétez pas... D'accord, c'est très aimable de votre part. Oui, c'est ça, à tout à l'heure.

— Isabelle Tellier vient nous voir. Elle semblait affolée.

— Elle doit être au courant.

— Non, sinon elle ne m'aurait pas demandé pourquoi je voulais la voir.

— C'est vrai.

— Bon, pour en revenir à Delcourt, il va falloir le convoquer pour qu'il s'explique. Et rapidement. Je sentais bien qu'il cachait quelque chose... Elle a pu t'en dire plus sur lui ?

— Non. En fait, elle ne le voyait pas souvent. Juste un bonjour comme ça en le croisant dans le couloir. En revanche, elle m'a dit autre chose d'intéressant. Un soir, vers 19 h, elle a aperçu de sa fenêtre Aurélie Darmon discuter avec un homme dans la rue derrière l'immeuble.

— Et en quoi c'est intéressant ?

— Bah... la conversation avait l'air d'être animée, d'après elle.

— C'était quand ?

— En début de semaine. Lundi ou mardi, elle ne se rappelle pas bien.

— Elle t'a décrit le type ?

— Pas vraiment, il faisait nuit, la rue est étroite et les lampadaires n'éclairent pas beaucoup. Elle a juste été capable de dire qu'il était chauve.

— C'est déjà ça !

— Peut-être que ça a un rapport avec la drogue ?

— Possible. Sinon, elle a entendu quelque chose ou vu quelqu'un entre midi et 14 h ?

— Non. D'ailleurs, personne n'a été capable de me dire quoi que ce soit sur cette plage horaire. Tu sais, les gens ne font pas gaffe.

— Il y a une caméra dans la rue ?

Marchery se marra.

— Tu rigoles…

Une heure plus tard, Genevois entra dans le bureau de Corval.

— Il y a une jeune fille qui vous demande chef.

— Ah, très bien ! Fais-la entrer dans la petite salle, on arrive.

Isabelle Tellier se leva d'un bond à l'entrée de Corval et de son adjoint. Elle était petite, mince et d'une beauté sauvage avec ses cheveux noirs, son teint marmoréen et ses yeux verts. Elle se frottait nerveusement les mains. L'inquiétude se lisait sur son visage, impressionnée sans doute autant par le fait de se retrouver dans une salle délabrée d'un commissariat que par la taille impressionnante de Marchery.

Corval s'approcha.

— Asseyez-vous, mademoiselle.

Isabelle Tellier s'exécuta sans dire un mot. Elle regardait tour à tour le capitaine et le lieutenant qui venaient de s'asseoir en face d'elle.

— Pourquoi voulez-vous me parler d'Aurélie ? finit-elle par demander d'une voix trahissant l'anxiété. Il lui est arrivé quelque chose ?

Corval fit la moue avant de répondre, comme pour préparer la jeune fille au choc de l'annonce.

— Nous avons une mauvaise nouvelle à vous annoncer. Elle a été retrouvée morte à son domicile, ce matin.

Isabelle Tellier se figea comme une poupée de cire sous l'effet de la nouvelle. Souffle coupé, les yeux dans le vague, lèvres entrouvertes, Marchery crut qu'elle faisait un malaise. Il se leva d'un bond et renversa sa chaise dans un fracas métallique, ce qui eut pour effet de faire revenir la jeune fille dans le monde des vivants.

— Aurélie… morte ? articula-t-elle. Ce n'est pas possible !

Marchery se rassit en essayant de se faire discret, ce qui était mission impossible, vu sa taille.

— Malheureusement. C'est son petit ami Édouard Delcourt qui l'a découverte ce matin en allant la voir.

— Morte, mais comment ?

— Elle a été agressée.

Isabelle Tellier semblait ne pas comprendre. Une larme perla au coin de son œil gauche. Elle l'essuya machinalement.

— Certainement un rendez-vous qui a mal tourné, continua Corval.

— Un rendez-vous…

— On le suppose, car on a retrouvé sur la table basse une bouteille de vin et deux verres encore remplis, suggérant qu'elle recevait quelqu'un.

La jeune fille fixait le capitaine, sans réagir.

— Vous savez qui elle aurait pu recevoir ?

Elle fit non de la tête.

— Son petit ami Édouard Delcourt peut-être ?

Le nom d'Édouard Delcourt provoqua comme un électrochoc.

— À non, certainement pas !

— Ah bon, pourquoi ?

— Elle avait rompu avec lui… il y a bien trois ou quatre mois maintenant. Ce n'était pas pour l'inviter à prendre un verre.

— Vous êtes sûre ? Il s'est pourtant présenté comme tel et il avait la clé de son appartement.

Isabelle Tellier laissa échapper un petit rire nerveux.

— Ah oui, la clé ! Auré le tannait pour qu'il la lui rende.

— On aura certainement mal compris. Il venait sans doute rendre la clé, dit Corval, sans croire lui-même à cette explication.

— Ça, j'en doute. Il n'avait pas accepté la séparation et espérait toujours la reconquérir. Ça frôlait le harcèlement.

Corval et Marchery échangèrent un regard. Décidément, Édouard Delcourt ne leur avait pas tout dit, et surtout pas la vérité. Cela jetait un trouble supplémentaire sur ses déclarations. On ne rentre pas chez quelqu'un qui ne veut pas vous recevoir, surtout si la personne ne répond pas à vos coups de sonnette.

— Vous savez pour quelle raison votre amie avait rompu avec lui ?

La jeune fille souffla de dépit.

— Édouard est un garçon sympathique, mais sans personnalité, influençable et sans réel projet d'avenir. Auré cherchait autre chose.

Corval interpréta « quelqu'un d'autre », ce qui s'avéra exact lorsqu'elle enchaîna :

— Mais je pense surtout qu'elle s'était amourachée d'un ami de son frère.

— Elle a un frère ?

— Non, je parle du frère d'Édouard.

— Ah ! Un copain de fac ?

— Oh non ! Le frère d'Édouard et ses amis ont quitté la fac depuis longtemps déjà.

— Vous connaissez cet ami ?

La jeune fille haussa les épaules.

— Je l'ai peut-être rencontré lors d'une soirée, mais comme il y avait beaucoup de monde, je ne saurais dire.

— Mais… Aurélie Darmon était votre meilleure amie, elle ne vous a pas dit son nom ?

— Non.

— Elle ne vous a pas parlé de lui ? Dit ce qu'il fait, comment il est ?

— Non. Auré avait changé depuis quelque temps.

— C'est-à-dire ?

— Je ne sais pas, c'est difficile à dire !

— Elle avait des ennuis ?

— Oh non, bien au contraire. Elle semblait plutôt radieuse, épanouie.

— Vous savez pourquoi ?

— Non. Elle avait changé, je vous dis. Auré était une fille chaleureuse, mais réservée, de nature discrète. Elle faisait des études de droit pour faire plaisir à son père, mais sans réelle motivation. Heureusement, elle était douée, cela compensait, mais cela la rendait plutôt taciturne. Et depuis un certain temps, je n'ai pas compris pourquoi, elle était tout excitée. Elle m'avait simplement confié qu'elle avait un projet qui pourrait changer sa vie. J'ai voulu savoir ce que c'était, mais elle n'a pas voulu m'en dire plus par peur qu'il ne se réalise pas et de passer pour une idiote.

— Vous ne savez vraiment pas de quoi il était question ? intervint Marchery, qui ne comprenait pas qu'Aurélie Darmon ne se soit pas confiée à sa meilleure amie.

— Non. Elle m'avait simplement dit « voilà ce qui pourrait changer ma vie » en me montrant une clé USB.

Corval et Marchery n'avaient pas cette information le matin et ils n'avaient évidemment pas cherché une clé USB.

— Et c'est tout ? demanda Corval.

— Oui. Elle m'avait dit que je serais la première au courant dès que ce serait officiel.

Cette information était troublante. Que pouvait bien préparer Aurélie Darmon ? Qu'y avait-il de si important pour qu'elle hésite à se confier totalement à sa meilleure amie ? Qu'y avait-il sur cette clé USB ? Il fallait absolument la retrouver.

— Quand avez-vous vu votre amie pour la dernière fois ?

— Mercredi soir. Je suis passée chez elle prendre un exposé que nous avions préparé ensemble pour le scanner.

— Ce dossier ? demanda Corval en lui montrant la chemise sur laquelle était inscrit « Isa, à traiter d'urgence ».

— Oui, c'est ça.

La question du dossier urgent trouvait là une réponse simple et sans rapport avec le meurtre.

— Vous n'avez rien remarqué de particulier dans son comportement mercredi, elle ne vous a pas paru inquiète ?

Isabelle Tellier fit non de la tête.

— Vous êtes sûre ?

Il reçut un regard de détresse pour toute réponse.

— En dehors de ce changement dont vous nous avez parlé, vous n'aviez rien remarqué d'autre ces derniers temps ? Pas de soucis à la fac avec des camarades ou de nouvelles fréquentations ?

— Non.

Corval en doutait.

— Et ça, ça vous dit quelque chose ? demanda-t-il en montrant le sachet contenant les comprimés roses.

Isabelle Tellier se troubla.

— On a retrouvé deux sachets comme celui-ci chez votre amie. Des analyses sont en cours, ajouta-t-il pour mettre la pression. Ça ne vous dit vraiment rien ?

— Bah… c'est-à-dire…

— Oui ?

— J'en ai vu circuler lors d'une soirée organisée par le frère d'Édouard. Mais je suis sûre qu'Aurélie ne se droguait pas, s'empressa-t-elle d'ajouter.

— Quel genre de soirée ?

— La famille d'Édouard est fortunée et son frère a un bel appartement dans le Marais. Il y convie des amis branchés pour des soirées festives le samedi imprégnées d'alcool, sur fond de musique électro.

Voyant le visage suspicieux du policier, elle précisa sur un ton se voulant sur la défensive :

— Je n'y suis allée qu'une fois, car je viens d'un milieu modeste et je ne m'y suis pas sentie à l'aise. Et puis je préfère fréquenter des gens de mon âge.

— Oui, bien sûr, je comprends. Vous savez qui proposait ces comprimés ?

— Non, je n'ai pas fait attention !

Corval douta de nouveau. Elle devait bien avoir une idée.

— Dans cette soirée, parmi les invités, personne n'a attiré votre attention ?

— Comment ça ?

— Quelqu'un sortant de l'ordinaire. Par son comportement, ses paroles, son physique. Un homme chauve, par exemple.

— … Non.

Corval n'était pas beaucoup plus avancé, mais les soirées organisées par le frère d'Édouard Delcourt, auxquelles participaient des amis plus âgés et au cours desquelles circulait de la drogue étaient une piste sérieuse. Elles avaient pu faire tourner la tête à Aurélie Darmon. Cela pouvait-il expliquer la rupture avec le jeune Delcourt pour un garçon plus mature et, surtout, être à l'origine de ce mystérieux projet ? Il fallait convoquer d'urgence le jeune Delcourt pour le cuisiner. Pour le moment, il ne voyait pas l'intérêt de retenir plus longtemps la jeune fille. Ils en avaient déjà appris suffisamment et avaient matière à creuser. Il serait toujours temps de la convoquer de nouveau si cela s'avérait nécessaire.

— Je vous remercie mademoiselle de vous être déplacée et pour les informations que vous nous avez fournies. Nous n'allons pas vous retenir plus longtemps. Nous vous recontacterons si besoin.

— Je… je vous en prie.

— Encore un point s'il vous plaît ! Avez-vous le numéro de portable d'Aurélie Darmon ?

— Heu… oui bien sûr.

8

Natalia admirait la vue panoramique de Paris depuis les fenêtres de son bureau de la colline de Saint-Cloud. Des milliers de points scintillants dansaient dans la lueur du crépuscule. Sur les quais de la Seine, les lumières rouges et jaunes des voitures dessinaient des guirlandes qui avançaient lentement au rythme bégayant et lancinant des longues soirées d'hiver. Plus loin, dans sa parure de feu, la tour Eiffel prenait son tour de garde au cœur de la nuit naissante. C'était quand même plus agréable que la vue sur les travaux du faubourg Saint-Honoré. Bien sûr, avec leurs murs immaculés, le mobilier hyper design et les armoires encore vides de dossiers, ces nouveaux locaux lui paraissaient austères et sans âme comparés à ceux qu'elle venait de quitter. Mais ils étaient spacieux, et avec une plante ou deux, quelques tableaux et le dynamisme de Delphine, ils gagneraient en chaleur. Elle regarda sa montre. 18 h 50, il était temps de descendre.

Le marbre du hall d'accueil étincelait sous le feu puissant d'un lustre imposant. La photo de Louis-le-capitaine avait déjà trouvé sa place. Un serveur vérifiait l'alignement des verres à champagne sur une table dressée à côté de l'ascenseur. Dans un coin, elle reconnut Duschnock qui faisait les cent pas en essayant de se donner une certaine prestance. Près de l'entrée, Maxime Audebert discutait avec un homme en tenue décontractée portant un appareil photo en bandoulière. Les premiers invités n'allaient plus tarder. Sébastien avait prévenu qu'il arriverait un peu plus tard, retenu par les préparatifs d'un voyage d'affaires. Elle se dirigeait vers la photo du capitaine quand Maxime et l'homme avec lequel il discutait s'approchèrent.

— Natalia, permettez-moi de vous présenter Nicolas Petrov, du studio Cristal.

— Enchantée, dit-elle en tendant la main.

L'homme la saisit délicatement. Élégant, regard ténébreux, il était jeune avec une calvitie prononcée qui le vieillissait.

— Vous arrivez de Moscou me disait Maxime. Vous connaissez Paris ?

Natalia comprit que les deux hommes devaient bien se connaître.

— Oui et non. Je suis déjà venue deux ou trois fois, mais de passage. Maintenant, je vais pouvoir découvrir la ville. Enfin… si le travail m'en laisse le temps, ajouta-t-elle avec un sourire plein de malice.

— Je veillerai à ce que Maxime vous en laisse suffisamment, lâcha-t-il en rigolant.

— Dis tout de suite que je suis un tyran, répliqua Maxime en faisant mine de s'offusquer.

— Je ne voudrais pas être indiscrète, mais… vous êtes d'origine russe ? se risqua à demander Natalia.

— Oui. Mes grands-parents sont arrivés en France au début des années vingt. Ils m'ont beaucoup parlé de la Russie, mais j'imagine qu'elle a bien changé depuis.

— Effectivement !

— Je n'ai malheureusement jamais eu l'occasion de m'y rendre, mais je compte bien y aller prochainement. Vous aurez certainement de bons conseils à me prodiguer sur les meilleurs restaurants de Moscou.

Natalia fut surprise par cette chute inattendue. Elle s'attendait plutôt à un intérêt pour les musées ou les plus beaux sites de la ville.

— Je suis désolé d'interrompre votre conversation, intervint Maxime Audebert, mais je vois monsieur Delpèche, de Solicam, qui vient d'arriver et je voudrais vous le présenter, Natalia. Vous aurez l'occasion de faire plus ample connaissance avec Nicolas pendant le dîner après la réception.

Natalia s'étonna. Elle n'était pas au courant.

— C'est-à-dire que…

— Si, si, c'est prévu ! Désolé, je n'ai pas eu le temps de vous prévenir. Sébastien Delval est également invité. C'est un dîner privé avec quelques amis, rien de plus.

Maxime Audebert s'éclipsa aussitôt les présentations faites, comme s'il ne souhaitait pas discuter avec le patron de Solicam, ce qui laissa Natalia perplexe face à un homme rondouillard, au visage adipeux avec des lèvres épaisses surmontées d'une moustache aussi fine qu'un brin de ciboulette. On aurait dit qu'il était gonflé à l'hélium. La veste de son costume avait dû rétrécir au pressing. Sourire enfantin, il prêtait à rire, mais Maxime Audebert avait prévenu, il ne fallait pas se fier à l'apparence, l'homme était intelligent et difficile en affaires. Il fallait le traiter avec déférence, car Solicam était une société importante. Mais Natalia n'eut pas à forcer son talent, car Jean-Bernard Delpèche se révéla être un homme courtois, cultivé et à l'humour d'une finesse exquise. Il eut l'extrême délicatesse de survoler le projet engagé avec Audebert Industrie, arguant que l'inauguration de nouveaux locaux n'était pas le moment le plus approprié pour discuter affaires. En revanche, dans le cadre d'une possible installation de sa société en Russie, et connaissant le partenariat d'Audebert Industrie avec Mosprom, il posa beaucoup de questions sur Moscou. Sur la législation, le droit du travail, les infrastructures, la possibilité de recruter des ingénieurs de qualité, les salaires… Natalia répondit avec précautions. Il ne s'agissait pas de se mettre en porte-à-faux pour de futures négociations. Mais en homme d'expérience, Delpèche comprit parfaitement la situation et n'insista pas avec des questions techniques et orienta adroitement la conversation sur la vie moscovite.

— Et ce café Pouchkine ? demanda-t-il. On dit qu'il a gardé l'âme de sa création. Un de nos chanteurs, Gilbert Bécaud, s'en est inspiré pour une très belle chanson, Nathalie, justement.

Natalia sourit poliment.

— Oui, je connais bien cette chanson. Mais c'est la chanson qui a inspiré le nom du café, et non pas l'inverse.

— Comment ça ?

— Le café Pouchkine n'a été créé qu'en 1999, bien après la sortie de la chanson.

— Ah bon !

— Dans cette chanson, l'auteur a été très créatif et a sans doute eu l'idée d'inventer ce *café Pouchkine* pour asseoir sa rime avec le *tombeau de Lénine*. La chanson est devenue célèbre et Andreï Dellos s'en est inspiré pour baptiser son établissement.

Pour la première fois, Jean-Bernard Delpèche sembla déstabilisé.

— Ça alors, c'est… c'est incroyable ! J'avais tout faux !

Cette fois, ce fut Natalia qui eut la délicatesse d'orienter la discussion sur les musées pour atténuer la gêne qui semblait envahir le patron de Solicam.

La réception touchait à sa fin. Accaparée par le surprenant Delpèche, Natalia n'avait pas vu le temps passer. Elle raccompagna son interlocuteur, le salua et confirma un rendez-vous pour discuter du projet en cours.

Les invités commençaient à quitter le siège de la société. En croisant Natalia, Maxime Audebert en profita pour la présenter rapidement à quelques clients importants avant qu'ils ne partent.

L'intensité des lumières du hall d'accueil diminua faiblement. Les bruits s'estompèrent. Les serveurs rangeaient le matériel. La réception avait été brève, mais riche en discussions.

— Alors ? demanda Maxime Audebert en se dirigeant vers Sébastien qui les attendait. Vous le sentez comment ce Delpèche ?

— Eh bien, vous avez raison. C'est un homme intelligent et cultivé. Nous n'avons pas abordé le fond du dossier, mais nous avons prévu d'en discuter dès la semaine prochaine.

— Parfait, j'en suis ravi ! Maintenant, si vous voulez bien m'excuser, j'ai des instructions à donner. Je n'en ai que pour quelques minutes. Ensuite, nous pourrons aller dîner, j'ai réservé une table chez *Martine*. Je vous laisse avec Nicolas, ajouta-t-il en voyant arriver le photographe accompagné d'une jeune femme élégante de type eurasien.

— Permettez-moi de vous présenter Jade, dit Petrov. C'est une amie qui démarre une carrière de mannequin pour l'agence Ondine et que j'ai eu le plaisir de photographier.

9

Installé au comptoir, Marchery entamait son troisième croissant. Il aimait bien la brasserie des Deux Boules, surtout la serveuse.

— Allez, magne-toi, il va falloir y aller ! dit Genevois, qui commençait à s'impatienter. Je n'ai pas toute la journée, moi.

— Minute tu veux bien, bafouilla Marchery entre deux bouchées. Les croissants du dimanche, c'est sacré !

— Pourquoi du dimanche ? T'en bouffes tout le temps !

— Peut-être, mais ce n'est pas pareil !

Genevois ne voyait pas bien la différence, mais il n'insista pas. Il était déjà neuf heures et quart et ils devaient se rendre à l'appartement de la victime pour chercher la fameuse clé USB, alors ce n'était pas le moment de chercher à comprendre.

— Bon, je vais régler.

— Non, laisse, c'est pour moi, dit Marchery. Si tu veux, après notre visite à l'appartement, on revient déjeuner ici. Il y a une choucroute succulente au menu.

— Toi et la bouffe ! Je t'ai déjà dit que je n'étais pas libre aujourd'hui. Déjà que ce matin j'ai dû annuler ma virée à vélo…

Marchery se marra. « Waouh, quel sportif ! » Il lança un coup d'œil à la serveuse au bout du comptoir et leva la main pour payer. Elle lui répondit par un large sourire. C'était aussi bon que les croissants, et gratuit en plus.

La rue était déserte, le ciel s'était dégagé et le froid piquait. Genevois accéléra le pas et Marchery donna une tape amicale derrière la tête de son collègue.

— Pas si vite, personne ne nous attend !

— Arrête de déconner ! dit Genevois en se retournant et en esquissant un mouvement de karaté.

Marchery éclata de rire. Son équipier lui arrivait à peine à l'épaule, faisait soixante kilos tout mouillé et n'aurait pas fait peur à un petit rat de l'opéra. Ils n'arrêtaient pas de se chamailler, de se disputer lors de concours de boulettes de papier au bureau, de se faire des farces – la dernière avait vu Genevois glisser des épluchures de crevettes dans la doublure du blouson de son collègue qui avait mis du temps à se rendre compte d'où venait l'odeur – mais ils ne pouvaient pas se passer l'un de l'autre et Corval leur pardonnait leur excentricité, car ils faisaient correctement leur boulot.

Ils sortirent du métro place Monge et se dirigèrent d'un bon pas vers la rue Pestalozzi. Marchery fit la grimace en passant devant la brasserie où il avait été déçu par l'entrecôte.

— Là, c'est au coin !

Genevois suivit son équipier dans le couloir sombre de l'immeuble. Arrivé devant l'appartement, Marchery s'aperçut immédiatement que les scellés avaient été fracturés. La porte était entrouverte. Prudent, il s'immobilisa et sortit son arme.

— Pas de bruit, souffla-t-il en poussant légèrement la porte. Mais celle-ci grinça lamentablement. Merde !

Il jeta un œil par le faible entrebâillement. Il lui sembla apercevoir des papiers au sol. Il ouvrit en grand d'un geste brusque. Il n'y avait personne, mais la pièce avait été fouillée. Il rengaina son arme et ils pénétrèrent lentement. À ce moment, ils entendirent un bruit dans le couloir suivi de pas précipités. Sans hésiter, Marchery sortit comme un bolide de l'appartement. Il eut juste le temps d'apercevoir une silhouette se faufiler par la porte d'entrée de l'immeuble qui se refermait déjà.

— Bouge pas, j'y vais ! cria-t-il en s'élançant.

Il se rua vers la sortie, mais, dans sa précipitation à ouvrir la porte, la poignée lui glissa dans la main. La porte resta bloquée et, emporté par son élan, il se fracassa le nez sur le battant qui résonna comme un gong.

— Merde ! hurla-t-il.

Énervé, il ouvrit d'un geste brusque, sortit en trombe et aperçut furtivement un gamin monter sur un skate et disparaître à l'angle de la rue. Sans réfléchir, il s'élança à ses trousses, mais arrivé au coin de la rue, celui-ci avait disparu. Il se sentit ridicule. Quelle idée de vouloir rattraper un môme sur un skate. De l'acidité lui remonta dans la bouche. Les croissants n'avaient pas apprécié. Essoufflé, il revint en marchant. C'était décidé, il allait se remettre au sport.

Cette fois, il ouvrit la porte de l'immeuble avec précaution et s'engagea dans le couloir en maugréant. Il entra dans l'appartement, Genevois n'était plus là.

— Hervé, t'es où ?

Pas de réponse. Un courant d'air lui caressa le visage. Il venait de la chambre du fond. Il entra dans la pièce et découvrit Genevois allongé sur le sol, immobile. Il s'accroupit immédiatement auprès de lui et lui tapota la tête.

— Eh, qu'est-ce qui t'est arrivé, tu m'entends ? demanda-t-il en le secouant.

Genevois était inconscient, mais vivant. Il avait reçu un bon coup sur la tête. Marchery réalisa que la fenêtre de la chambre était grande ouverte. L'agresseur devait s'être caché là en les entendant arriver. Il avait surpris Genevois au moment où celui-ci était entré dans la pièce, l'avait assommé et s'était enfui par la fenêtre. Ce n'était vraiment pas de bol. S'il n'y avait pas eu ces pas dans le couloir au même moment, qui avaient provoqué cette malencontreuse diversion, il aurait pu surprendre l'agresseur ou lui courir après, enfin, essayer. Genevois revenait doucement à lui. Marchery l'aida à se relever et à s'asseoir sur le bord du lit.

— Ça va ?

Genevois lui répondit par une grimace. Il mit un moment à reprendre ses esprits.

— Bon sang, tu m'as fait peur ! Tu as pu voir ton agresseur ?

— Non. Après que tu t'es précipité dans le couloir, j'ai entendu du bruit dans la chambre. Je suis entré, et là, quelqu'un qui devait se trouver derrière la porte m'a donné un violent coup sur la tête. Et après, plus rien.

— Ça ne m'étonne pas. Tu as reçu un sacré coup. Tu vas devoir passer des examens.

— Mais non, ça va aller ! Je vais me payer une bosse, c'est tout.

— T'es sûr ?

— Mais oui. Ce n'est rien, je te dis, insista-t-il en se touchant l'arrière du crâne. À côté de ton pif, je m'en sors bien. Qu'est-ce qui t'est arrivé ?

Marchery haussa les épaules et se frotta le nez qui le piquait. Une trace de sang coula sur son doigt.

— Reste là. Je vais aller te chercher un verre d'eau dans la cuisine.

Mais Genevois se leva en grimaçant.

— T'inquiète, ça va déjà mieux… Ce gaillard a la main plus lourde que toi !

Marchery sourit. Genevois avait encore de l'humour, c'était bon signe.

— Qu'est-ce qu'il cherchait d'après toi ?

— Sans doute la même chose que nous, répondit Marchery. Il va falloir faire venir la scientifique. Le type a dû laisser ses empreintes un peu partout.

— Et le gars dans le couloir, t'as vu qui c'était ?

— Ouais, un gamin pressé d'aller faire du skate. Rien à voir avec notre affaire.

Après une heure d'une fouille minutieuse, ils n'avaient évidemment pas trouvé de clé USB. Avait-elle seulement été là ? Aurélie Darmon pouvait très bien l'avoir rangée ailleurs, voire cachée, surtout si elle contenait quelque chose d'important. Mais il était possible également que l'agresseur l'ait trouvée et emportée. Décidément, la recherche était un fiasco. Une bosse, un pif en étoile et pas de clé USB.

— On n'a plus qu'à attendre la scientifique, se désola Marchery, qui voyait la choucroute et la serveuse de la brasserie des Deux Boules s'éloigner.

Il tournait en rond quand il s'arrêta, intrigué.

— Qu'est-ce qu'il y a ? demanda Genevois.

— Il manque une photo sur la porte du frigo.

— Ah bon ! Tu crois ?

— J'en suis sûr. Quand je suis venu la première fois, la porte en était entièrement recouverte sur la partie supérieure. Regarde, il en manque une en plein milieu.

— Tu crois que mon agresseur l'a prise ?

— Qui d'autre ?

— Tu te souviens de ce qu'il y avait dessus ?

— Non, pas vraiment. Pour moi, il n'y avait que des photos de vacances, de copines, de copains, des trucs comme ça.

— Quel intérêt pour le type ?

— Je ne sais pas. Il faut voir avec les clichés de la scientifique. Avec un peu de chance, ils ont pris la porte du frigo et on verra la photo manquante. Je vais prévenir le chef.

Le dimanche était vraiment foutu.

10

Les parents d'Aurélie Darmon étaient injoignables. Corval avait fait un saut en début de matinée à l'adresse qu'avait trouvée Genevois, mais il n'y avait personne. D'après les voisins, ils devaient être partis en week-end dans leur villa de Deauville. En général, ils ne rentraient que le dimanche soir. Il tenterait de les joindre plus tard. En attendant, il observait Édouard Delcourt qui attendait patiemment en salle d'audition. Le jeune homme n'avait fait aucune difficulté à venir au commissariat un dimanche matin, ce qui était plutôt surprenant. Mais il devait penser que la police avait quelques précisions à lui demander, sans plus. Corval s'apprêtait à entrer quand son téléphone sonna. C'était Marchery.

Oui… Attends, pas si vite… Quoi, répète ! Comment ça fouillé ! Ah bon ! Et la personne était là à votre arrivée ? Vous avez vu qui c'était ? Ah ouais ! Bien sûr, je comprends. Et Hervé, ça va ? Tant mieux. Vous avez trouvé la clé USB ? Non ! Ouais, évidemment, c'est probable. Bon, quand la scientifique sera arrivée, passez au commissariat, on parlera de tout ça. On en profitera pour faire un point, car Édouard Delcourt est là et je vais l'interroger… Comment ? Oui bien sûr vous pouvez aller manger avant, mais ne traînez pas.

Corval n'en revenait pas. Cette intrusion dans l'appartement de la victime et la fouille qu'avait effectuée l'agresseur de

Genevois devait avoir un rapport avec cette fameuse clé USB. Que pouvait-elle bien contenir de si important ? Serait-ce le meurtrier qui était venu la chercher ? C'était gonflé. En tout cas, ce n'était pas Édouard Delcourt puisqu'il poireautait là depuis un bon moment. De toute façon, il ne croyait pas en sa culpabilité. Certains points étaient suspects et devaient être clarifiés, mais il ne l'imaginait pas en train d'étrangler cette jeune fille. En revanche, la piste de son frère et de ses amis semblait beaucoup plus sérieuse. Il se décida à entrer dans la salle d'audition, il réfléchirait à tout ce micmac plus tard.

Cheveux ébouriffés, joues creusées, le teint blafard, les yeux cernés par la fatigue, le jeune homme n'avait pas meilleure mine que la veille. Il ne se leva pas à l'entrée du capitaine.

— Vous vouliez me voir ? bredouilla-t-il.

Corval masqua un sourire. S'il lui avait demandé de venir, ce n'était pas pour lui demander s'il avait bien dormi. D'ailleurs, ce n'était pas la peine, il voyait bien que non.

— J'ai des questions complémentaires, dit-il en s'asseyant en face du garçon.

— Ah !

— Hier, vous m'avez déclaré avoir vu Aurélie Darmon pour la dernière fois mardi après-midi. Pourquoi ne pas m'avoir dit que vous l'aviez vue vendredi matin ?

Édouard Delcourt se raidit.

— Comment ça. Je n'ai pas vu Aurélie vendredi.

— Ah bon ! Pourtant la voisine vous a croisé en sortant de l'immeuble à 10 h 50 très précisément. Vous veniez bien la voir… ?

Silence pesant.

— … Alors ?

— Oui, je suis passé, mais je ne l'ai pas vue. Elle n'était pas là.

— Vous n'êtes pas entré chez elle pour l'attendre, comme hier ?

— Non, j'étais pressé.

C'était certainement vrai puisque la voisine avait déclaré qu'il n'était plus là à son retour vers 11 h 30.

— Donc vous confirmez ne pas l'avoir vue.

— Bah oui ! répondit-il, légèrement agacé.

Corval n'insista pas. De toute façon, il n'avait pas d'autre témoignage.

— Et pourquoi avoir également prétendu qu'Aurélie Darmon était votre petite amie alors qu'elle avait rompu avec vous ?

Édouard Delcourt baissa la tête comme un gamin prit en faute.

— Écoutez, vous avez omis de déclarer être passé la voir le jour où elle s'est fait tuer et vous avez menti sur la situation réelle de votre relation, cela fait beaucoup, vous ne trouvez pas ? Que cachez-vous ?

— Mais je ne cache rien ! Pour vendredi matin… je n'en ai pas parlé hier parce que j'étais troublé. De toute façon, je n'ai pas menti puisque je ne l'ai pas vue. Quant à notre relation… c'est vrai qu'elle s'était éloignée de moi, mais de mon côté, j'étais toujours attaché à elle. Je… je la considérais encore comme ma petite amie.

« Ben voyons », se dit Corval.

— Vous la harceliez !

Regard de détresse.

— Pardon ?

— Oui, vous la harceliez. On ne vient pas chez une personne qui ne veut plus vous voir et, surtout, on ne rentre pas chez elle si celle-ci ne répond pas.

Édouard Delcourt se recroquevilla. De la tristesse se lisait dans ses yeux.

— Non, je ne la harcelais pas. Je… je l'aimais, je vous dis !

C'était fort possible, même si cela ne changeait rien à l'affaire. Mais cela pouvait expliquer le malaise qu'il avait observé chez le jeune homme la veille après avoir découvert le corps inerte de son amie et le visage défait de ce matin après une nuit à la pleurer.

— Elle vous avait parlé d'une clé USB avec un dossier important ?

— Quel dossier ?

— Justement, c'est ce que je cherche à savoir ! Une clé USB, ça ne vous dit rien ?

Le jeune homme ne semblait pas comprendre.

— Bah… des clés USB on en utilise fréquemment. Je ne vois pas ce qu'il y a de spécial !

— Oui, mais contenant un dossier important !

— Bah non. Je ne vois pas.

Soit qu'il disait la vérité, soit qu'il cachait encore quelque chose. S'il était au courant, il était possible qu'il ait voulu récupérer cette clé, mais comme il était au commissariat depuis un moment, ça ne pouvait pas être lui. Alors, un complice ? Son frère ? Un ami de son frère ?

— Parlez-moi des soirées chez votre frère ?

Édouard Delcourt pâlit. Corval s'en aperçut, ce qui était remarquable vu l'état d'extrême pâleur dans lequel se trouvait déjà le jeune homme.

— Quelles soirées ? murmura-t-il, pensant éluder la question.

— Les soirées qu'organise votre frère le samedi soir avec des amis branchés et de la musique électro.

— Que voulez-vous savoir ?

— Qui participe ?

— Des amis de mon frère.

— Vous également… et Aurélie Darmon, d'après ce que j'ai appris.

— Aurélie n'y est venue que deux ou trois fois au début. Après, elle a arrêté, elle n'aimait pas trop l'ambiance.

Ou peut-être à cause de leur rupture, pensa Corval.

— Vous savez si au cours de ces soirées elle avait rencontré un homme avec qui elle aurait disons… bien sympathisé.

Édouard Delcourt hésita et finit par lâcher :

— Non, je ne vois pas.

Corval s'interrogea. Isabelle Tellier avait peut-être mal interprété le changement de comportement de sa camarade.

— Il y a beaucoup de monde dans ces soirées ?

— Bah… je ne sais pas. Non… pas vraiment. Une vingtaine ou une trentaine de personnes tout au plus.

Rien qu'une petite trentaine, pensa Corval en se retenant de rire. Voyez-vous ça. Une petite soirée intime entre amis.

— Vous connaissez les noms ?

— Quelques-uns, mais pas tous. Ce sont surtout des amis de mon frère.

— Votre frère…

— Thomas. Mais quel rapport avec le meurtre d'Aurélie ? s'inquiéta subitement le jeune homme.

— Ça, peut-être ! répondit Corval en sortant le sachet contenant les comprimés roses.

À la vue des comprimés, Delcourt se figea.

— Vous pouvez m'expliquer ?

— Je ne sais rien à ce sujet.

— Ne me dites pas que vous ne les avez jamais vus, je ne vous croirais pas. Je parierais même que vous savez qui les fournit.

— Je… j'en ai vu bien sûr. Mais je vous jure que je ne sais pas qui les amène.

— Aurélie en prenait ?

— Ah non, alors ! Je peux vous garantir qu'Aurélie ne se droguait pas !

Cela devait être vrai, Isabelle Tellier avait affirmé la même chose. Pourtant, il avait trouvé les sachets dans le tiroir de la table de chevet de sa chambre. Mais la possession de quelques comprimés ne prouvait pas qu'elle consommait. Surtout que les sachets n'avaient pas été ouverts. Les analyses toxicologiques devraient éclaircir la situation.

— Vous allez me donner le numéro de téléphone de votre frère. Nous allons devoir l'interroger. Pour vous, ce sera tout pour le moment, mais je vous demande de rester à notre disposition.

Le jeune homme se leva difficilement et quitta la pièce en lâchant un « au revoir » timide et poli qui renforça l'impression qu'avait Corval. Édouard Delcourt n'avait pas l'étoffe d'un meurtrier. Mais allez savoir…

11

Natalia n'était pas en avance. Elle avait loupé le changement à Odéon et avait dû reprendre la ligne en sens inverse. Cette fois, elle vérifiait scrupuleusement le nom des stations à chaque arrêt. Maubert Mutualité. Cardinal Lemoine était la prochaine. Tu sors du métro et la rue des Fossés-Saint-Bernard est dans le prolongement de la rue du Cardinal Lemoine, lui avait dit Jade. Je t'attendrai devant l'entrée du musée.

Le dîner chez *Martine* avait été bruyant et bien arrosé, surtout par Maxime Audebert. Natalia et Jade étant les deux seules femmes de la tablée, elles avaient laissé les hommes à leurs discussions et à leurs plaisanteries pour faire connaissance. Jade était jeune, souriante et dynamique. Les deux jeunes femmes avaient rapidement sympathisé. Comme Natalia, Jade aimait la littérature et les musées. Apprenant que Sébastien partait le lendemain pour un voyage d'affaires, elle lui avait proposé de l'accompagner à une exposition à l'Institut du Monde Arabe qui la rapprochait de ses origines et dont le nom évocateur faisait rêver : « Sur les Routes de Samarcande. »

La sortie du métro donnait sur un carrefour à plusieurs rues et elle dut demander son chemin à un client courageux à la terrasse d'un café pour prendre la bonne direction. Le soleil réchauffait timidement l'atmosphère. Elle accéléra le pas. Après quelques centaines de mètres, elle arriva enfin devant le musée. Elle reconnut immédiatement Jade qui venait vers elle en lui faisant de grands signes.

— Désolée, je suis en retard, j'ai loupé la correspondance à Odéon.

— Ce n'est pas grave, nous avons le temps et nous avons de la chance, il n'y a pas beaucoup de monde à la billetterie.

Natalia insista pour payer les entrées et elles se dirigèrent vers l'ascenseur donnant accès au niveau de l'exposition. À l'entrée, une carte présentait les différentes régions de l'Ouzbékistan, carrefour des civilisations entre l'Inde, la Perse, la Chine et où, sur les routes de la soie, marchands partageant leurs cultures, richesses et savoir-faire avaient développé le commerce et propagé les légendes de l'Orient. C'est à cette époque que des centres florissants de production artisanale avaient contribué à la prospérité des villes de Samarcande et de Boukhara.

— Sébastien est bien parti ? demanda Jade.

— Je pense. En tout cas, il est bien arrivé à l'aéroport. Il m'a téléphoné et son vol est à l'heure. Il me donnera des nouvelles ce soir.

Sous de faibles faisceaux de lumière, leur regard fut immédiatement attiré par de magnifiques cafetans. La brochure qu'elles avaient prise à l'entrée précisait qu'à la cour de l'Émir, les plus beaux étaient brodés d'or sur un velours de soie. Ces pièces imposantes, à la coupe unique et appelées « chappan », couvraient plusieurs couches de vêtements et pouvaient peser jusqu'à sept kilos. Ils étaient offerts aux ambassadeurs et aux hauts gradés militaires comme cadeaux diplomatiques.

— Eh bien, ils ne devaient pas avoir froid avec tout ça, ne put s'empêcher de dire Jade.

Elles restèrent un moment à détailler ces merveilles, admiratives des couleurs et de la qualité du travail, et s'avancèrent vers la suite de l'exposition.

— Merci de m'avoir raccompagnée hier soir, souffla Jade.

— Je t'en prie. Maxime Audebert et Nicolas étaient tellement pressés de partir à leur soirée poker, que j'ai préféré prendre les devants. J'ai cru comprendre que cela les arrangeait.

— Et moi donc !

— Ils sont toujours comme ça ?

— Pour les fois que je les ai vus ensemble, oui. Je sais qu'ils sortent de la même école. Nicolas a préféré privilégier son amour pour la photographie. Il a monté son studio, a travaillé pour des publicistes et maintenant pour des agences de mannequinat. C'est comme ça que je l'ai connu. Quant à Maxime Audebert, j'imagine que sa voie était toute tracée dans l'entreprise familiale.

Natalia n'osa pas poser de questions à Jade sur sa relation avec Petrov, elle ne la connaissait pas encore assez, mais elle était étonnée qu'il l'ait invitée à cette soirée pour finalement la délaisser pour une partie de poker.

La deuxième salle présentait de superbes pièces de tissu brodées de fils de soie. Sous chacune, on pouvait lire « Suzani », du persan signifiant « fait à l'aiguille », ainsi que le courant artistique de la ville auquel était associé un motif distinctif. La brochure notait un artisanat exclusivement féminin. Destinées à la dot de la mariée, leurs destinations étaient diverses : décorations, couvertures, tapis de prière, rideaux…

— Je ne m'attendais pas à un tel comportement de la part de Maxime Audebert, s'épancha discrètement Natalia. Verbe haut, rires… et une attirance fortement marquée pour le whisky.

Jade hocha la tête en faisant une grimace de compréhension.

— Son frère a quand même une autre classe, continua-t-elle. Discret, mesuré, et surtout, il ne boit pas d'alcool. Je me souviens qu'il a fallu le forcer pour qu'il ne boive rien qu'un petit verre de vodka pour fêter la signature du contrat avec Mosprom.

— Tu sais, les frères sont souvent différents.

— Oui, tu as raison.

Il était trop tôt pour tirer des conclusions, mais le profil de Maxime Audebert commençait à se dessiner dans l'esprit de Natalia. Charmeur, buveur et fêtard, cela devait avoir un impact négatif sur son activité professionnelle. Cela pouvait-il expliquer certaines remarques dont elle avait été témoin et les incohérences qu'elle avait relevées dans le dossier Solicam ? Elle voyait maintenant d'un autre œil la proposition alléchante de François Audebert pour qu'elle rejoigne la direction commerciale de la société. Elle avait pris cela avec fierté, mettant ça sur le compte de ses compétences et de ses qualités, mais n'était-ce pas plutôt pour servir de béquille ?

Elles enchaînèrent la visite par le vestiaire féminin. Celui-ci exposait les nombreuses pièces de leurs costumes, telles que chemises, pantalons, camisoles, galoches et coiffes diverses. Outre la différence sociale marquée par la qualité du tissu et le nombre d'ornements, les couleurs utilisées indiquaient l'âge et le statut matrimonial de la femme. Là encore, la finesse du travail était remarquable.

— Ça fait longtemps que tu es mannequin ?

— Un peu plus d'un an. C'est à ce moment-là que j'ai connu Nicolas. Il est sensible, drôle, sympathique et a un faible pour moi, je crois.

Natalia ne releva pas, mais se dit que ce devait être plutôt le contraire. Nicolas Petrov n'était pas un adonis, mais il avait le charme qui colle à la peau de certains artistes. Et puis il avait une certaine classe, un regard profond et manifestement plus de savoir-vivre que Maxime Audebert. Pas étonnant que Jade ait craqué pour lui. En revanche, elle doutait de la réciproque.

— Ça doit être agréable comme métier !

— Ça dépend des moments. Beaucoup de gens s'imaginent que c'est un métier de rêve, mais ils n'ont pas conscience des contraintes qu'il impose et des difficultés à surmonter. Par exemple les horaires décalés, l'hygiène de vie rigoureuse, mais aussi l'importance à savoir négocier un contrat ou organiser son emploi du temps. Au début, j'ai galéré pour constituer mon book et trouver une agence. Finalement, j'ai réussi à négocier un contrat chez Ondine pour des shootings photo. D'ailleurs, j'ai une séance demain soir. Si tu es intéressée, tu peux venir, c'est Nicolas qui fera les prises.

— Pourquoi pas ? Sébastien ne rentre que mercredi. Mais ça dépend, c'est à quelle heure ?

— Je ne sais pas encore, mais c'est en soirée. Je te confirmerai l'horaire.

Elles passèrent rapidement devant les robes talismaniques pour s'arrêter devant la partie dédiée à l'apparat équestre. Les tapis de croupe en velours brodés d'or, les selles en bois peintes à la main ainsi que les luxueux harnachements sertis de turquoise et de cornaline soulignaient l'importance du cheval dans le mode de vie et l'identité ouzbèke.

— Paris doit te changer de Moscou, j'imagine ? Tu ne regrettes pas ?

Natalia resta un moment pensive.

— Comment pourrais-je regretter ? Je suis venue en France pour suivre l'homme que j'aime. Bien sûr, Moscou est chère à mon cœur. Elle est le creuset de ma vie. Mes racines, ma culture. Mais je sais que je serai heureuse ici et j'aime déjà Paris.

— Ta famille et tes amis ne te manquent pas ?

— Je n'ai plus d'attaches familiales en Russie. Quant à mes amis, je peux aller les voir quand je veux et ils peuvent également venir en France. Et puis on peut toujours se faire de nouvelles amies, ajouta Natalia d'un air entendu.

Jade esquissa un sourire.

Elles passèrent un bon moment à contempler l'étonnante variété des tapis, véritables œuvres d'art. Tissés, noués ou en feutre, ils représentaient parfaitement la maîtrise de ces différentes techniques. Elles accordèrent leur préférence à un tapis de Boukhara pour la profondeur de son rouge et par la forme géométrique de ses motifs perlés de blanc. Le parcours se terminait par la collection de bijoux en argent, plus beaux les uns que les autres, composée de diadèmes, de colliers, de bracelets, de boucles d'oreilles et de bagues. La visite leur parut trop courte.

À la sortie du musée, elles prolongèrent le plaisir d'être ensemble en longeant le Quai de la Tournelle pour aller voir Notre-Dame souffrant de ses blessures, suite à l'incendie qui avait vu s'effondrer sa flèche, détruisant les toitures de la nef et du transept.

Le vent forcissait et de pâles nuages caressaient le soleil qui s'attristait de ce désastre.

12

Marchery était ballonné. À leur grande surprise, la scientifique était arrivée rapidement et Genevois avait finalement accepté de retourner à la brasserie des Deux Boules pour manger une choucroute. Ce qui devait être un déjeuner sur le pouce, avant de filer au commissariat où Corval les attendait, s'était transformé en véritable festin. « On est dimanche », avait plaidé Marchery. À lire la carte, on devinait que le cuistot avait voyagé. Les plats les plus variés faisaient l'admiration des clients et briller les yeux de Marchery. Il s'était laissé séduire. Il avait commencé par des rollmops, puis s'était gaillardement jeté sur la choucroute tant désirée, pour continuer avec un copieux plateau de fromages et enfin caler avec une crêpe au sucre. Le tout arrosé d'un Pinot noir bien frappé. Heureusement que Corval leur avait demandé de ne pas traîner.

Le repas avait duré et les deux compères avaient eu le temps de s'interroger sur les événements de la matinée. À commencer par cette intrusion dans l'appartement de la victime qui leur avait valu d'en voir trente-six chandelles. Il fallait être sacrément gonflé pour revenir sur les lieux du meurtre. Pour effacer des indices ? Quand même, quarante-huit heures après… Non, plutôt pour récupérer la clé USB, c'était évident. Que pouvait-elle bien contenir de si important ? Pourquoi une étudiante en deuxième année de droit aurait-elle détenu des informations aussi compromettantes ? Mais cela devait changer sa vie, alors tout était imaginable. C'était justement ça le problème, ils n'arrivaient pas à imaginer ce que cela pouvait être. Et puis il y avait la disparition de cette photo sur la porte du frigo. Que pouvait-elle bien montrer ? Un indice ? Le visage du meurtrier ? En tout cas, l'agresseur de Genevois avait pris des risques. L'affaire devait être importante.

— Pourquoi marches-tu si vite ?

Genevois se retourna et se marra. Marchery était rouge et son pif avait enflé.

— Le chef nous attend au cas où tu aurais oublié ! Et puis je voudrais bien profiter un peu de mon dimanche, tout du moins ce qu'il en reste.

Marchery ne répondit pas, secoué par un renvoi. Heureusement, le commissariat était en vue.

Corval attendait impatiemment les deux compères pour avoir des explications sur ce qui s'était passé à l'appartement de la victime. Il était presque quinze heures quand il les vit débarquer. À voir le visage écarlate de son adjoint, il comprit que le déjeuner avait dû être consistant, comme d'habitude.

— Alors, qu'est-ce que vous avez foutu ?

— On a dû attendre la scientifique, répondit Marchery en s'asseyant. Tu sais comment ils sont. Surtout un dimanche.

Corval ne releva pas. C'était possible après tout.

— Bon alors, qu'est-ce qui s'est passé ?

Marchery prit une respiration pour laisser passer un nouveau renvoi avant de répondre :

— Quand on est arrivés, les scellés avaient été fracturés. J'ai glissé un œil par la porte entrebâillée et j'ai vu que l'appart avait été fouillé.

— Et tu n'as pas vu le type qui se trouvait là ?

— Penses-tu ! La porte a grincé quand je l'ai ouverte. Ça l'aura averti et il en aura profité pour se planquer dans la chambre.

— Et quand il a frappé Hervé, tu n'as pas pu le voir ?

Marchery fit la grimace.

— Non, car juste avant on a entendu des pas dans le couloir de l'immeuble. Je me suis précipité pour voir qui c'était et c'est pendant ce temps qu'Hervé s'est fait agresser.

— À voir ta tronche, on dirait plutôt que c'est toi qui as reçu un coup.

— Non, ça, ce n'est rien, un désaccord avec une porte.

— Donc vous ne savez pas qui se trouvait là !

— Bah non !

Corval tournait en rond. Il ne voyait qu'une explication.

— Il devait chercher la clé USB.

— C'est ce qu'on s'est dit. Il a d'ailleurs dû la récupérer, car on n'en a trouvé aucune.

— Bon sang, qu'est-ce qu'elle peut bien contenir de si important pour que le meurtrier prenne autant de risques pour venir la chercher ?

Les deux compères restèrent muets, n'ayant pas trouvé de réponse à cette question.

— Et la porte ?

— Forcée, répondit Genevois. Et proprement.

Cela renforçait l'hypothèse que le meurtrier n'avait pas la clé et que la victime lui avait ouvert le jour du meurtre. Elle le connaissait.

— Vous avez interrogé la voisine ?

— Évidemment !

— Elle n'a rien entendu ?

— Tu parles, se désola Marchery. Rien qu'au volume de sa télé, on devine qu'elle ne doit pas être gênée par le vol d'un moustique le soir.

Corval était dépité.

— Finalement, vous n'avez rien trouvé.

— Non. Enfin si. Il manque une photo sur la porte du frigo.

— Comment ça une photo. Une seule ?

— Ouais ! Je ne sais pas si tu te souviens, mais la porte du frigo en était remplie et là, il y avait un trou en plein milieu. Je suis sûr que c'est le type qui était là qui l'a prise !

— Allons bon ! Il devait y avoir quelque chose de compromettant dessus. Tu te souviens de ce qu'elle représentait ?

Marchery haussa les épaules.

— Bah non, comment veux-tu ! Entre les copains, les copines, les vacances… Ce qui est sûr, c'est qu'il n'a pas pris la photo du chat.

Ce détail était troublant. On pouvait supposer que la clé USB contenait des informations compromettantes pour le meurtrier. Mais la photo ? Sans doute, un indice à dissimuler. Pourquoi ne l'avait-il pas prise le jour du meurtre, comme le téléphone d'Aurélie Darmon ? Il n'y avait certainement pas pensé sur le moment. Quoique rien ne prouvait que ce soit le meurtrier qui ait pris le téléphone. Il fallait se rendre à l'évidence, en dehors de la disparition d'une photo, l'excursion à l'appartement de la victime était un fiasco.

— Bon, on n'a pas la clé USB et ce n'est pas une photo manquante qui va nous faire avancer. Heureusement, nous avons d'autres pistes.

Corval compléta le schéma qu'il avait commencé sur le tableau dans son bureau. Au centre, un cercle avec la photo d'Aurélie Darmon. Au-dessus, un rectangle dans lequel il écrivit : Clé USB/Photo/agresseur de Genevois. À droite, un autre rectangle avec l'inscription : Frères Delcourt. Enfin, sur la gauche, un dernier avec : « Homme chauve. »

— L'homme chauve ? s'étonna Marchery.

— Pourquoi pas ! répondit Corval. Tu m'as bien dit que la voisine avait vu la victime discuter avec un homme chauve quelques jours avant le meurtre et que la conversation semblait animée.

— Heu… oui !

— Bon, bah, ce n'est pas anodin. Ça nous fait un suspect potentiel.

— Pour quel mobile ? demanda Genevois.

— Je ne sais pas. C'est justement pour ça qu'il faut retrouver ce type et savoir quel était l'objet de cette discussion.

— Ça ne va pas être facile, s'inquiéta Marchery.

— Je sais, mais un type chauve, ça limite quand même les possibilités, fit remarquer Corval. Dès demain, vous faites le tour du quartier pour essayer d'avoir des infos sur les chauves qui arpentent le coin.

Marchery éclata de rire.

— Qu'est-ce qui te fait marrer ? s'étonna Corval.

— Ça va nous changer. D'habitude, on compte les barbus.

— C'est malin ! Bon, bah là, vous concentrerez votre attention sur les chauves.

— Et pour les frères Delcourt ? questionna Genevois.

— Ça, c'est plus intéressant. L'audition du cadet, ce matin, me laisse à penser que les soirées organisées par son frère le samedi soir peuvent avoir un rapport avec notre affaire. Je vais le convoquer.

— À quoi penses-tu ? demanda Marchery.

— D'abord, ce ne sont pas des petites soirées entre intimes. D'après Édouard Delcourt, il y a au moins vingt ou trente personnes.

— Ah oui, quand même !

— On sait qu'Aurélie Darmon l'a quelquefois accompagné. Elle a peut-être rencontré quelqu'un qui lui aura fait tourner la tête et entraînée sur une voie peu recommandable.

— C'est possible.

— D'autant qu'Édouard Delcourt a également reconnu que des comprimés de drogue identiques à ceux que l'on a retrouvés chez la victime circulent dans ces soirées. C'est peut-être le cœur de cette affaire. Il a beau dire qu'il ne sait pas qui les amène, je ne le crois pas.

— Ouais ! Il a un sens de la vérité à géométrie variable, ne put s'empêcher de dire Marchery.

— C'est le moins que l'on puisse dire. De toute façon, ses propos, ses mensonges ou ses omissions restent secondaires. Son frère nous donnera les noms des participants à ces soirées et nous fouillerons dans la vie de ces personnes. On finira bien par trouver un lien entre Aurélie Darmon et certaines d'entre elles. D'ailleurs, dès demain matin, je demanderai à Nadine de chercher tout ce qu'elle peut trouver sur les réseaux sociaux au sujet d'Aurélie Darmon et des frères Delcourt. Avec les jeunes, c'est souvent une mine d'informations.

— Et son téléphone, toujours sur répondeur ? demanda Marchery.

— Ouais ! Je demanderai également à Nadine de contacter les opérateurs pour récupérer les fadettes et voir où son téléphone a borné ces derniers jours. Ça nous permettra de retracer son parcours.

— Et ses parents, t'as réussi à les joindre ?

— Pas encore. D'après les voisins, ils sont dans leur maison de campagne et rentrent généralement en fin de week-end. Je rappellerai ce soir. Il faudra qu'ils viennent pour la reconnaissance du corps et pour leur poser des questions. On en profitera pour voir avec Vidal le résultat de ses premières constatations.

Marchery fit la grimace.

— D'autres questions ?

Les deux compères firent non de la tête.

— Dans ce cas, on s'arrête là pour aujourd'hui. On refait un point demain dans la journée.

Genevois ne demanda pas son reste et partit d'un pas alerte. Marchery, lui, fit un effort pour se lever. Il avait les paupières lourdes sous l'effet de la digestion qui commençait son dur labeur.

13

La mère d'Aurélie Darmon avait fait un malaise en voyant le corps de sa fille à l'IML. Heureusement que Vidal, habitué à ce genre de situation, avait eu le réflexe de la rattraper avant qu'elle ne se fracasse le crâne sur le coin de la table, ce qui aurait eu pour effet de rallonger le faire-part de décès. Le père, lui, avait assisté à la scène sans réagir, le regard éteint, assommé par la nouvelle. Ils étaient là, maintenant, assis dans le bureau du capitaine, comme des poupées de chiffon fatiguées par les années. Nadine leur avait apporté de l'eau et du café, et s'était éclipsée courageusement devant l'étendue du désastre.

Corval et Marchery les laissèrent un moment à leur douleur, mais il fallait bien leur poser des questions. Et des questions, ils en avaient.

— Madame, monsieur, commença Corval, c'est un moment difficile et je comprendrais que vous ne puissiez répondre à nos questions, mais sachez qu'il est important que nous recueillions le maximum d'informations pour tenter de comprendre ce qu'il est arrivé à votre fille.

La mère d'Aurélie leva les yeux. Son visage dévasté par la douleur accentuait des rides naissantes qui ruinaient la beauté qu'elle devait dégager dans d'autres circonstances. Elle esquissa un timide signe de tête en guise de consentement. Le père, lui, engoncé dans son manteau boutonné jusqu'au cou, gardait sa posture figée. Il n'avait même pas retiré ses gants. Quelque chose avait dû se débrancher dans son cerveau.

— C'était votre seul enfant, n'est-ce pas ? commença Corval.

Madame Darmon se redressa. Elle reprenait ses esprits. Malgré sa silhouette fragile, elle se révélait plus forte que son mari. Corval devina un oui plutôt qu'il ne l'entendit.

— Quand avez-vous vu votre fille pour la dernière fois ?

— Il y a trois semaines. Un dimanche. Elle était venue déjeuner.

— Elle était comme d'habitude ? Avez-vous remarqué quelque chose de particulier ?

Madame Darmon se contenta de remuer la tête négativement. Corval se sentit couillon d'avoir posé ces deux questions à la suite. Non à « comme d'habitude » ou non à « quelque chose de particulier » ?

— Elle était donc… comme d'habitude ?

— Bah oui !

— Vous avait-elle fait part de problèmes, récemment ?

— … Non. De quels problèmes ?

— Je ne sais pas. Des problèmes rencontrés à la fac par exemple, ou bien dans ses fréquentations.

— Non, pas du tout.

— Vous aurait-elle parlé d'un projet qui pouvait… changer sa vie ?

Madame Darmon resta muette un court instant, dévisageant le capitaine de ses yeux embués.

— Comment ça un projet qui pouvait changer sa vie ?

— D'après sa meilleure amie à la fac, il semblerait qu'elle avait un tout nouveau projet en tête, dit Marchery.

— Quelle amie ?

— Isabelle Tellier. Vous la connaissez ?

— Oui… comme ça. Elle est venue à la maison une fois ou deux avec Aurélie… C'est elle qui vous a dit ça ?

— Oui. Pourquoi, ça vous surprend ? demanda Corval.

— Non. Je ne connais pas très bien cette jeune fille, mais elle m'a paru sérieuse. Je suis étonnée, voilà tout.

— Vous n'avez donc aucune idée de ce qu'elle préparait ?

— Ben… non. Elle faisait son droit, c'est tout.

Les deux inspecteurs échangèrent un bref regard. Manifestement, Aurélie Darmon ne s'était pas confiée à sa mère. Et il y avait peu de chances qu'elle l'ait fait à la momie qui se trouvait à côté d'elle. Quelle était donc la nature de ce mystérieux projet pour qu'elle ne donne aucun détail à sa meilleure amie et qu'elle n'en parle même pas à ses parents ?

— Vous connaissez les fréquentations qu'elle avait ?

Les deux inspecteurs la sentirent hésiter à cette question.

— Oui… un peu.

— Que pensez-vous d'Édouard Delcourt ?

Une moue interrogative se dessina sur le visage de madame Darmon.

— Son petit ami. Enfin… son ex ! précisa Marchery.

— Je n'en ai aucune idée. Je ne connais pas ce jeune homme.

Corval masqua son étonnement. Isabelle Tellier avait dit qu'Aurélie était réservée, mais là, quand même.

— Vous ne saviez pas qu'elle avait un petit ami ? reprit Corval.

— Si, mais je croyais qu'elle fréquentait Arthur.

— Arthur ! Arthur, comment ?

— Arthur Cordelier, le fils de nos voisins.

— Depuis longtemps ?

— Bah, cela a commencé en terminale et après, lorsque ma fille est entrée à la fac, je ne sais pas. Je pensais qu'ils continuaient de se fréquenter.

Voilà un ex qui arrivait dans le paysage de façon bien troublante. Et si Aurélie Darmon avait rompu avec Édouard Delcourt pour revenir vers Arthur ? Corval jeta un œil à son adjoint. Il avait peut-être raison. Une rivalité amoureuse ? Mais un point le chagrinait. Se pouvait-il qu'une fille ne fasse pas de confidences à sa mère sur ses relations amoureuses ?

— Elle ne vous a jamais parlé d'Édouard Delcourt ?

— Bah… non !

— Pourtant, ils se fréquentaient depuis plus d'un an.

Corval ressentit une forte gêne chez madame Darmon.

— Vous savez, Aurélie était réservée. Et puis, on ne se voyait pas souvent, lâcha-t-elle du bout des lèvres, comme un aveu. La semaine, elle était à Paris et le week-end (*elle fit une pause*) le week-end, nous sommes presque toujours à Deauville. Mon mari joue au golf avec ses amis, ajouta-t-elle d'une voix oscillant entre la justification et le reproche.

— Je comprends, mais il y a le téléphone.

— Bien sûr, mais Aurélie disait que tout allait bien, alors je ne m'inquiétais pas.

— Quand l'avez-vous eue au téléphone pour la dernière fois ?

— … Il y a deux, trois semaines peut-être.

Décidément, la jeune fille n'avait pas beaucoup de contacts avec ses parents.

— Mais les week-ends, vous savez ce qu'elle faisait ?

Madame Darmon n'eut pas le temps de répondre.

— Le dessin ! Le dessin ! se mit à crier tout à coup, monsieur Darmon.

Sa femme et les deux inspecteurs sursautèrent aux cris du revenant.

— Calme-toi, Gilles ! Calme-toi, répéta son épouse en lui prenant la main.

Mais elle n'eut pas besoin d'insister. Comme un automate que l'on aurait débranché, Gilles Darmon retomba dans sa léthargie.

L'émotion passée, Corval demanda :

— Qu'a-t-il voulu dire ?

— J'imagine qu'il se sent coupable. Aurélie était attirée par les arts, notamment le dessin. Elle aurait aimé se lancer dans cette voie, mais mon mari n'y était pas favorable. Il disait que ce n'était pas un métier, et il a tellement insisté pour qu'elle fasse des études de droit qu'elle a fini par s'y résoudre.

Corval se rappela la remarque d'Isabelle Tellier sur le peu d'intérêt que son amie portait aux études de droit et fit la relation avec le carnet à dessins retrouvé sur son bureau. Il fallait chercher de ce côté-là. C'était peut-être la clé de ce mystérieux projet.

— Vous pouvez nous parler de ses passions ?

Là encore, madame Darmon sembla dans l'embarras.

— En fait, elle n'a jamais été attirée par autre chose que le dessin. Nous avions bien tenté de la mettre au sport quand elle était petite, mais elle n'a jamais accroché. Seule la danse avait trouvé grâce à ses yeux, mais elle n'était pas douée. Elle s'est découragée et n'a pas insisté. Non, elle préférait passer des heures assises dans le jardin à dessiner.

Cela ne les avançait pas vraiment.

— Mais pour en revenir aux week-ends, vous savez ce qu'elle faisait ? redemanda Corval.

Madame Darmon resta muette, confirmant le peu de contact qu'ils avaient avec leur fille.

— Elle devait bien s'amuser, faire la fête quand même ! Comme tous les étudiants.

Même silence. Regard perdu.

Corval pensait aux soirées organisées par le frère d'Édouard Delcourt.

— Peut-être que dans une soirée, en ayant bu un peu plus que de raison, elle se sera laissé entraîner par une personne peu fréquentable ?

Madame Darmon se raidit. Pour la première fois, son visage s'imprégna de sévérité.

— Comment ça, boire plus que de raison ! Ma fille était raisonnable. Elle ne buvait pas, ne fumait pas et ne se droguait pas non plus d'ailleurs !

Cette réponse avait le mérite d'être claire et, à défaut d'être sûre à 100 %, sortait du cœur. En tout cas, cela lui évitait d'avoir à poser la question sur la drogue.

Madame Darmon était visiblement épuisée et son mari perdu dans un autre monde. Corval ne voyait plus de raisons de retenir plus longtemps les parents de la victime. Ce n'était manifestement pas par eux qu'ils en apprendraient sur la vie et les fréquentations d'Aurélie Darmon à Paris. Après avoir jeté un coup d'œil à Marchery, il les libéra en les informant qu'ils pourraient récupérer le corps de leur fille très prochainement. Madame Darmon tira son mari par la manche vers la sortie comme on guide un aveugle. Ils n'avaient pas touché aux cafés ni aux verres d'eau.

— Qu'est-ce que t'en penses ? demanda Marchery en se précipitant sur un café resté sur le bureau de son chef.

— Difficile à dire. Ce qui est sûr, c'est que la fille n'avait pas beaucoup de contacts avec ses parents.

— Merde, il est froid ! s'emporta Marchery en reposant la tasse… Faut dire que le week-end ils sont toujours fourrés à Deauville, cela ne facilite pas les choses.

— C'est vrai, mais ce n'est pas une raison. Il y a le téléphone, quand même. Non, il y avait autre chose. Je pense qu'elle devait en vouloir à ses parents. Pourquoi ? Peut-être parce que son père l'avait obligée à faire des études de droit au lieu de la laisser assouvir sa passion.

Marchery haussa les épaules.

— Qu'elle ait de la rancœur envers son père, je peux le comprendre, mais envers sa mère ? Ce n'est pas elle qui l'a forcée.

— C'est vrai, mais elle n'a peut-être rien fait non plus pour la soutenir contre l'avis de son père.

Marchery avait faim. Il n'était que neuf heures et demie, mais son estomac ne se satisfaisait pas d'un petit déjeuner expédié en vitesse.

— T'aurais pas des gâteaux par hasard ?

— Non, mais il y en a au distributeur, à l'accueil.

Marchery fit la grimace.

— Même si elle ne l'a pas soutenue contre l'avis de son père, une fille est proche de sa mère, non ?

— Manifestement, ce n'était pas le cas, rétorqua Corval.

Marchery relança un café.

— C'est triste. Quand tu penses que sa mère la croyait encore avec un ancien camarade du lycée.

— À ce sujet, faudra le convoquer, cet Arthur Cordelier.

— Pourquoi ?

— D'abord, il pourrait nous donner plus d'informations sur Aurélie Darmon que les parents, et puis va savoir, il aura peut-être cherché à la reconquérir. C'était une très belle fille.

— Bah… tu crois ?

— Ça ne coûte rien de vérifier. Ce n'est pas toi qui parlais de rivalité amoureuse ? On en profitera pour vérifier son alibi.

C'était finalement le seul point vraiment positif de l'audition des parents d'Aurélie Darmon. Cet ancien petit ami de la victime qui surgissait comme un suspect supplémentaire. Le chien était maigre, mais il fallait bien s'en contenter. D'autant que les premières constatations de Vidal n'avaient pas donné beaucoup plus d'informations que ce qu'il avait pu constater sur place. La mort par strangulation était confirmée. La victime s'était débattue. Un hématome prononcé au-dessus de la hanche et un autre au niveau de sa poitrine laissaient supposer qu'elle avait été maintenue de force sur le divan. Elle n'avait pas été violée. De la peau avait été retrouvée sous ses ongles et envoyée au labo pour comparaison avec le fichier FNAEG, et les analyses toxicologiques étaient attendues rapidement. Enfin, la scientifique n'avait trouvé aucune nouvelle empreinte dans l'appartement de la victime après le passage du mystérieux visiteur. Le type devait porter des gants, rendant son identification impossible.

14

Genevois avait laissé à Nadine le soin d'éplucher la vie d'Aurélie Darmon et d'Édouard Delcourt sur les réseaux sociaux, pour accompagner Marchery dans la recherche de l'homme chauve que la voisine avait vu discuter un soir avec la victime. Cela promettait un après-midi fatigant à arpenter les rues. Heureusement, un soleil discret était de la partie. Ils avaient décidé de commencer par la voisine pour essayer d'obtenir des détails supplémentaires et ils arrivaient devant l'immeuble.

— Allez, magne-toi, on n'a pas fini !

— Minute ! bafouilla Marchery en postillonnant. Je finis ma dernière bouchée.

Genevois le regarda, dépité. Ils avaient paumé une demi-heure pour trouver une boulangerie proposant des sandwichs avec du jambon de pays et il fallait encore attendre.

— Ça y est, grincheux ! dit Marchery en s'essuyant la bouche d'un revers de main. On peut entrer !

Dans le couloir, ils entendirent le son de la télévision qui traversait allègrement la porte d'entrée de la voisine et qui confirmait qu'elle était bien chez elle. Ils sonnèrent plusieurs fois et, devant le manque de réponse, Marchery se mit à frapper de toutes ses forces.

— Hé, vas-y mollo, tu vas tout défoncer ! lui cria Genevois.

— Faudrait savoir, je croyais que t'étais pressé.

La porte finit par s'ouvrir.

La tête recouverte d'un filet fatigué par le temps et maintenant des bigoudis qui tentaient de s'échapper, la vieille dame les regarda, étonnée.

— C'est vous qui avez frappé ? réussirent-ils à capter malgré le fort volume du téléviseur qui leur parvenait depuis le salon.

— Oui madame ! répondit Marchery d'une voix puissante en lui présentant sa carte. Vous me reconnaissez ?

— Baisser ? Ah oui, désolée, je vais baisser.

La vieille dame encore ingambe s'éloigna et le volume diminua quelque peu. Elle revint avec le sourire. Seules les oreilles semblaient avoir de la faiblesse.

— Mais, je vous reconnais !

— Oui, je suis le lieutenant Lionel Marchery et voici mon collègue Genevois. Je suis venu vous poser des questions, samedi, au sujet de votre voisine. Vous vous souvenez ?

La femme se contorsionnait pour regarder le colosse qui se tenait devant elle.

— Oh oui, je me souviens (*son sourire s'effaça*) pauvre fille.

— Nous aurions souhaité vous poser quelques questions concernant l'homme que vous avez vu discuter avec elle, un soir, quelques jours avant sa mort.

— Quel homme ?

Marchery grinça des dents. Il ne manquait plus que la mémoire soit également défaillante.

— Vous savez, un homme chauve… qui discutait avec votre voisine dans la petite rue derrière.

— Ah oui, ça me revient ! Mais que voulez-vous savoir ?

Marchery se sentit soulagé. Les fils étaient encore branchés.

— Nous voudrions savoir si vous n'auriez pas remarqué un détail qui nous aiderait à l'identifier.

— Comme quoi ?

— Justement, je ne sais pas. Par exemple son visage, vous pourriez nous le décrire ?

— Bah non, il était loin et la rue n'est pas beaucoup éclairée le soir.

— Il était grand ?

— Un peu plus grand qu'Aurélie, mais moins grand que vous.

Marchery ne releva pas. Des plus grands que lui, il n'en voyait pas souvent.

— Et ses vêtements, vous sauriez dire ce qu'il portait ?

La vieille dame dodelina de la tête en faisant la moue.

— Pas vraiment. Il avait un manteau, je crois. En tout cas, il semblait bien habillé.

— Vous nous avez déclaré que la conversation semblait tendue. Qu'est-ce qui vous fait dire ça ?

— Tendue... oui. En tout cas, le monsieur a levé plusieurs fois les bras, comme s'il s'énervait.

— Et Aurélie Darmon, que faisait-elle ?

— Elle ? Elle avait l'air d'écouter.

— Rien de plus ?

— Bah non !

— Et comment ça s'est fini ?

— Normalement... Ils se sont serré la main avant de se quitter.

— Quoi ! Ils se sont serré la main, vous êtes sûre ?

— Bah oui ! Mais en tout cas, je vous assure que c'était tendu.

Marchery accusa le coup.

— Si vous le dites. Donc, vous ne pouvez rien nous dire de plus qu'un homme moyennement grand, bien habillé et chauve. C'est bien ça ?

— C'est bien ça. Mais si vous voulez le retrouver, je serais vous, je ferais le tour des commerçants du quartier. Il doit bien faire ses courses, ce monsieur.

— Effectivement, c'était bien notre intention.

Marchery lui aurait bien fait remarquer qu'il connaissait son boulot, mais elle le regardait avec un sourire enfantin et il s'abstint.

— Désolé de vous avoir dérangé, madame.

— Mais je vous en prie, messieurs. Si vous voulez savoir autre chose, n'hésitez pas à revenir.

Marchery sourit à son tour. Il ne voyait pas ce qu'elle pourrait bien leur apprendre de plus que ce qu'elle leur avait dit et, cette fois, elle ne leur avait pas proposé de café ni de chocolats. Ils n'étaient pas plus avancés.

À peine sorti de l'immeuble, Marchery laissa éclater sa colère.

— Merde, alors ! Ils se sont serré la main. Tu te rends compte, si ça se trouve, ce n'était pas une dispute !

— Ça ne veut rien dire, rétorqua Genevois. Des fois, dans une dispute, l'un prend le dessus et l'autre, apeuré, ou sous le coup de l'émotion, a le réflexe idiot de tendre la main pour dire au revoir. Un peu comme une soumission.

Marchery haussa les épaules, pas convaincu. Mais il fallait quand même le retrouver ce type, ne serait-ce que pour en avoir le cœur net.

— Bon, si on veut être productif, je te propose de nous séparer pour questionner les commerçants. T'as qu'à prendre de ce côté et moi je vais par là. On se retrouve à la brasserie du coin. L'entrecôte est minable, mais la bière est potable.

Une heure plus tard, le soleil luttait contre les nuages et le froid commençait à piquer quand Genevois entra dans la brasserie où son collègue l'attendait déjà.

— Alors ? demanda-t-il.

— Rien, répondit Marchery, dépité. À croire que la voisine a rêvé ou que les chauves ne font pas les courses. Et de ton côté ?

— Pas mieux. J'ai cru tenir l'information un court instant, mais j'ai vite déchanté lorsque la vendeuse m'a dit que l'homme était en fauteuil roulant.

— Effectivement. Tu veux une bière ?

— Tu crois ? Ce n'est pas sérieux !

— Bah, juste un demi. Je ne sais pas ce que j'ai, mais j'ai une de ces soifs !

— C'est le jambon de pays. C'est salé.

— Ouais, mais c'est bon, dit-il en faisant signe au serveur pour commander. Deux demis s'il vous plaît !

— T'as posé la question ici ? demanda Genevois.

— Pas encore, mais on va demander.

Dehors, le soleil reprenait le dessus et la salle se trouvait baignée d'une lueur orangée.

Le serveur déposa les verres sur le comptoir et plaça une soucoupe avec le ticket de caisse devant Marchery.

— Merci. On a une question s'il vous plaît, dit Marchery en montrant sa carte.

Le serveur se fit attentif.

— Nous sommes à la recherche d'un homme chauve qui aurait été vu dans le quartier ces derniers jours. Vous n'auriez pas un client correspondant à cette description ?

Le serveur fit la moue.

— Non, je ne vois pas. Un homme jeune, âgé ?

— À vrai dire, nous n'avons pas beaucoup d'informations. Nous savons qu'il est de taille moyenne, plutôt bien habillé et surtout, chauve.

— Non, vraiment, je ne vois pas.

— Merci quand même.

Il fallait se rendre à l'évidence, l'homme chauve était introuvable. C'était quand même surprenant, il devait bien y avoir des chauves dans le quartier.

— Allez, à la tienne ! lança Marchery comme pour se remonter le moral.

Les deux hommes levaient leur verre quand ils virent venir vers eux un autre serveur.

— Messieurs, mon collègue m'a dit que vous cherchiez un homme chauve ?

— Oui ! répondit Marchery.

— Il y en a un qui est venu déjeuner dernièrement. Mon collègue ne le connaît pas, car il ne fait pas le service du midi.

— Vous savez comment il s'appelle ?

— Non, on ne demande pas le nom à nos clients.

— C'est un habitué ?

— Non. C'est un nouveau client. J'ai dû le servir une fois ou deux.

— Bien habillé, taille moyenne ?

— Ouais, enfin, habillé normalement. Quant à la taille, je n'ai pas fait attention.

L'homme essuyait le comptoir machinalement en répondant aux questions.

— Vous savez ce qu'il fait ?

— Je me demande s'il ne travaille pas dans une auto-école.

— Qu'est-ce qui vous fait dire ça ?

— Il m'a semblé qu'il avait avec lui un dossier d'inscription pour un élève. Mais je ne suis pas sûr.

— Ce n'est pas grave, on va se renseigner. Vous savez s'il y a une auto-école dans le coin ?

— Ouais ! Je ne sais pas où exactement, mais mon jeune collègue, lui, il sait où elle se trouve. Il va vous expliquer.

La chance leur souriait enfin. L'homme chauve n'était peut-être pas un fantôme.

— À gauche, il a dit.

— Mais non ! s'énerva Marchery. Deux fois à droite, une fois à gauche et de nouveau à droite.

— Mais on a déjà pris deux fois à droite. Maintenant, il faut prendre à gauche.

— On a pris deux fois à droite ?

— Bien sûr ! Maintenant, il faut prendre à gauche.

— S'il s'était souvenu du nom de la rue cet abruti, ce serait plus simple ! pesta Marchery en emboîtant le pas à son collègue.

Mais aucune auto-école se trouvait dans la rue.

— Bon bah, demande à la pharmacie, ça ira plus vite.

Genevois ressortit en grimaçant.

— On s'est paumés. Il faut prendre à droite et puis ce sera la deuxième à gauche.

— Ah, tu vois que ce n'était pas à gauche !

Genevois ne releva pas, las de discuter.

« L'auto-école du boulevard » portait bien mal son nom vu la petitesse de la rue. Mais elle était bien là. Les deux inspecteurs entrèrent, soulagés de l'avoir enfin trouvée. Une femme à la coupe iroquoise et aux cheveux bleu turquoise leva la tête de son écran et leur fit un grand sourire.

— Bonjour messieurs ! Je suis à vous dans sept secondes, juste le temps de finir ma phraaaa…se. Là, je vous écoute.

Marchery en avait vu d'autres, mais il ne put s'empêcher de sourire. L'Iroquoise avait de l'esprit.

— Bonjour madame, dit-il en montrant sa carte. Lieutenant de police judiciaire Lionel Marchery et voici mon collègue Genevois.

Le sourire de la femme se fit plus timide.

— Que puis-je pour vous ?

— Y aurait-il chez vous un moniteur chauve ? demanda-t-il sans aucun préalable.

Surprise, celle-ci marqua un temps d'arrêt avant de répondre.

— Heu… oui, monsieur Sirczevierevski. Pourquoi ?

— Nous désirerions lui parler.

— En ce moment, il donne une leçon. Il va falloir attendre.

— Ce sera long ?

La femme jeta un œil sur son écran.

— Sa leçon finit à 16 h 30. Mais il enchaîne immédiatement avec un autre élève.

— Il peut décaler ?

Cette fois, l'Iroquoise perdit complètement son sourire.

— Ah non, ce n'est pas possible ! Les rendez-vous s'enchaînent et les élèves ne peuvent pas attendre. Et vu le prix, on ne peut pas les faire revenir non plus, vous comprenez. Il faudra voir avec lui pour trouver un créneau.

Marchery se dit que le mieux était de le convoquer au commissariat.

— Pourriez-vous nous donner ses coordonnées, s'il vous plaît. Et… nous écrire son nom.

— … Oui, bien sûr. C'est à quel sujet ? osa-t-elle demander.

— Nous avons juste quelques questions à lui poser, répondit Marchery, qui ne voulait pas en dire plus. Ça ne devrait pas être long.

— Très bien. Je lui dirai que la police est passée pour lui poser des questions.

— En parlant de questions, dit Genevois. Est-ce que vous connaîtriez une certaine Aurélie Darmon ?

— Aurélie Darmon ? Bien sûr. C'est une de nos élèves. Vous pourrez lui dire qu'elle a oublié son portable. Je suis surprise qu'elle ne soit pas venue le récupérer.

L'information fit l'effet d'une bombe. Les deux inspecteurs ne s'attendaient pas à retrouver le téléphone de la victime dans une auto-école.

— Elle l'a oublié quand ? demanda Marchery.

L'Iroquoise réfléchit un instant.

— Jeudi. Oui, c'est ça, jeudi. Elle était venue pour annuler sa leçon de vendredi et me demander de la reprogrammer pour cette semaine. Je m'en souviens parce que cela perturbait le programme et la faisait changer de moniteur, ce qui n'est jamais très bon.

— Qui était son moniteur ?

— Monsieur Sirczevierevski.

Les deux inspecteurs échangèrent un coup d'œil complice. Pourquoi voulait-elle annuler sa leçon ? Voulait-elle changer de moniteur à cause de la dispute ?

— Dites-lui que son portable est ici et qu'elle peut venir le chercher, ajouta la femme.

— Ça va être difficile madame. Mais nous allons le récupérer pour elle.

L'Iroquoise leur donna le téléphone sans poser de questions.

— Merci madame. Au revoir.

La secrétaire les regarda partir avec un sourire teinté d'inquiétude.

La recherche avait été longue, mais fructueuse. Ils revenaient avec les coordonnées de l'homme chauve qui, de plus, était le moniteur dont la victime semblait avoir voulu se séparer. Ce ne pouvait être que l'homme que la voisine avait vu. Il fallait le convoquer d'urgence. Et puis ils avaient récupéré le téléphone d'Aurélie Darmon. Un vrai coup de bol. Il fallait prévenir Corval de ces bonnes nouvelles et Marchery sortit son téléphone.

15

L'après-midi touchait à sa fin quand Marchery et Genevois arrivèrent au commissariat. Corval sortait tout juste du bureau du commissaire avec lequel il avait fait un point sur l'affaire et relaté les dernières évolutions. L'identification de l'homme chauve était une bonne nouvelle et la récupération inattendue du téléphone d'Aurélie Darmon un point important. Cette fois, ses hommes ne revenaient pas bredouilles. Il les vit arriver avec le visage épanoui du devoir accompli.

— Ça n'a pas été sans peine, mais on a eu du bol, dit Marchery. Finalement, le plus dur aura été de trouver l'auto-école.

— Je vais demander à Nadine de contacter immédiatement cet homme, s'empressa de dire Corval. Il faut l'interroger au plus vite. Comment s'appelle-t-il ?

Marchery déplia le bout de papier que l'Iroquoise lui avait donné.

— Sircéchve… Sirzéve… Sirzésev… Merde, c'est imprononçable !

— Fais voir, dit Genevois, c'est un nom polonais.

— Tu connais le polonais, toi ?

— Non, mais j'ai connu une Polonaise dans ma jeunesse. J'ai quelques souvenirs.

Marchery lui tendit le papier.

Genevois prit sa respiration et se lança :

— Chirtché… sev… non, Chirtchéver… non, Chitchérev… ski…

— Bon, donnez-moi ce papier, interrompit Corval. Nadine va l'appeler, il reconnaîtra bien son nom.

— J'ai l'impression que tu te souviens mieux de la fille que de la prononciation du polonais, ironisa Marchery.

Genevois haussa les épaules.

— Et le téléphone ? poursuivit Corval.

— Je l'ai donné à Fournier pour qu'il voie avec les services techniques. La batterie est déchargée, on ne risquait pas de le localiser.

— Parfait. Bon, Hervé, merci d'aider Nadine dans ses recherches sur les réseaux sociaux. Lionel, tu restes avec moi. Le frère aîné des Delcourt vient d'arriver, il nous attend dans la salle du fond.

Thomas Delcourt ressemblait à Marlon Brando. Même visage, même mèche de cheveux, même regard ténébreux. Veste en tweed, col roulé, sourire éclatant, il avait l'élégance et l'assurance des hommes qui ne manquent de rien, si ce n'est d'un peu d'humilité. Il devait avoir du succès auprès des femmes. Celui-ci eut quand même la politesse de se lever à l'entrée des deux inspecteurs.

— Je vous en prie, restez assis, dit Corval en prenant place en face de lui.

Le play-boy était bien plus âgé que son frère. Il regardait les deux inspecteurs avec décontraction, comme lorsque l'on s'apprête à prendre le thé avec des amis. Corval en avait vu d'autres, mais Marchery le prit en grippe aussitôt et le toisa de haut, ce qui ne lui demanda aucun effort particulier.

— Vous savez pourquoi nous vous avons demandé de venir ?

Thomas Delcourt s'appuya sur le dossier de sa chaise, posa négligemment son coude sur la table, croisa les jambes et répondit d'une voix assurée :

— Oui, mon frère m'a prévenu.

« Quel con », se dit Marchery.

— Vous savez donc que nous enquêtons sur un meurtre, enchaîna Corval, saisissant l'occasion de mettre la pression à son interlocuteur. Ses manières et son sourire commençaient également à l'irriter.

La phrase produisit presque l'effet attendu. Le sourire s'estompa légèrement.

— Oui, effectivement.

— Aurélie Darmon était la petite amie de votre frère, enfin… l'ex-petite amie à vrai dire, se reprit Corval. Que pouvez-vous nous dire sur elle ?

Thomas Delcourt resta un moment pantois.

— Rien…

— Comment ça rien ! Elle est venue quelquefois à vos soirées avec votre frère, vous avez bien dû discuter avec elle !

— Non ! répondit-il du tac au tac. Je discute avec mes amis, ajouta-t-il d'un air supérieur. Cette jeune fille accompagnait mon frère, mais je n'y ai pas prêté attention.

Cette réponse, marquée de condescendance, finit d'énerver Marchery qui intervint durement :

— Votre frère n'a pas l'air de compter beaucoup pour vous !

Pour la première fois, le play-boy perdit de sa superbe, sans doute impressionné par le ton du lieutenant.

— Si, mais bon, on n'a pas le même âge, vous comprenez. On n'a pas les mêmes sujets de conversation. Ce sont des soirées avec mes amis… mais je n'ai jamais interdit à mon frère d'y venir.

Cette précision confirma ce que Marchery venait d'exprimer. Thomas Delcourt n'invitait pas son frère à ses soirées, non, il ne lui interdisait tout simplement pas d'y venir, ce qui n'était évidemment pas la même chose.

— Donc vous ne pouvez rien nous dire sur Aurélie Darmon ? reprit Corval d'une voix plus calme.

— Non, désolé.

— Et sur Isabelle Tellier ? risqua-t-il.

— Qui ?

— Isabelle Tellier, une camarade de fac de votre frère et d'Aurélie Darmon. Elle est venue à l'une de vos soirées.

Thomas Delcourt fit la grimace.

— Non. Jamais entendu parler.

Corval n'insista pas. Manifestement, les deux jeunes filles étaient transparentes aux yeux du frère aîné ou il ne souhaitait pas en parler. Il valait mieux se concentrer sur les soirées elles-mêmes et les participants.

— Vous organisez souvent des soirées ?

— Bah… oui. Assez souvent.

— Le samedi soir, si nos informations sont bonnes.

— En général, oui.

— Vous n'invitez que des amis ?

— Évidemment !

— Toujours les mêmes ?

Delcourt sembla troublé.

— … Oui ! Pourquoi ?

— Vous pouvez donc nous donner les noms de vos invités.

— Mais…

— Je vous rappelle que nous enquêtons sur un homicide. Vous n'avez peut-être pas fait attention à la jeune fille qui accompagnait votre frère, mais d'autres personnes sont susceptibles d'avoir discuté avec elle. Nous devons les interroger. Toute information est importante.

— Oui, bien sûr.

Corval avança une feuille et un crayon.

— Merci de noter les noms de tous les participants à vos soirées. Sans en oublier aucun, j'insiste. Ça ne devrait pas vous poser trop de problèmes puisque ce sont toujours les mêmes personnes.

Comme Delcourt hésitait, Corval sentit le besoin de mettre un coup de pression supplémentaire en ajoutant : « Vous ne voudriez pas faire obstruction à une enquête en dissimulant des informations, n'est-ce pas ? »

— Non, absolument pas. Mais je dois réfléchir et cela va prendre du temps.

— Ne vous inquiétez pas, nous avons tout notre temps. Nous allons vous laisser un moment pour vous permettre d'établir la liste au calme. Vous voulez un verre d'eau ?

Le play-boy le regarda, surpris. Il avait perdu de sa superbe.

— Heu… oui, merci.

Corval et Marchery laissèrent Thomas Delcourt à sa page d'écriture. Cela permettait d'augmenter la pression tout en l'observant discrètement.

— Qu'est-ce que t'en penses ? demanda Corval.

— Un petit con prétentieux !

— Oui, mais sur le fond. Tu crois qu'il n'a jamais fait attention à la petite amie de son frère ? Isabelle Tellier, je veux bien le croire si comme elle dit, elle n'est allée qu'à l'une de ces soirées. Mais Aurélie Darmon…

— Ouais, ça me paraît peu crédible. Surtout une si jolie fille.

— En interrogeant ses invités, on pourra faire des recoupements et démêler le vrai du faux. Enfin, j'espère.

— Et la drogue, on n'en parle pas ?

— Si, mais après avoir obtenu la liste des invités. Si j'avais abordé le sujet avant, il aurait été capable d'escamoter quelques noms et de prétexter plus tard qu'il les avait oubliés.

— Ce n'est pas idiot.

Un quart d'heure plus tard, Thomas Delcourt avait terminé sa liste. Il n'arrêtait pas de regarder sa montre. Un début de stress paraissait l'animer. Les deux inspecteurs le rejoignirent. Il n'avait pas touché à son verre d'eau.

Corval prit la feuille. Il compta rapidement, il y avait 27 noms. Mais ni le nom de son frère ni ceux d'Aurélie Darmon et d'Isabelle Tellier n'y figuraient.

— Vous n'avez oublié personne ? insista Corval.

— Non… je ne crois pas.

— Très bien… Nous voudrions aborder un autre sujet, dit Corval en sortant le sachet contenant les comprimés roses.

À la vue de la drogue, Thomas Delcourt devint pâle. Ses épaules s'affaissèrent, son sourire s'effaça, son regard devint fuyant.

— Vous savez ce que c'est ?

— Pas vraiment.

— Écoutez, nous savons de différentes sources, dont votre frère, que ces comprimés circulent lors de vos soirées. Ne me dites pas que vous ne savez pas ce que c'est !

Delcourt se renfrogna. Subitement, il avait la gueule d'un malfrat sortant de prison.

— Ouais, j'en ai vu quelquefois. Mais sincèrement, je ne sais pas ce que c'est. Ce n'est pas mon trip, ces trucs-là.

Les deux inspecteurs échangèrent un bref coup d'œil. Sincèrement… ben voyons. Marchery jubilait. Le petit con ne jouait plus au fier.

— Si vous ne savez pas ce que c'est, répliqua Corval, ce que j'ai du mal à croire, vous devez quand même savoir qui amène ces produits à vos soirées et qui consomme.

— Sincèrement non ! bafouilla Delcourt. Je ne surveille pas les gens et, chez moi, chacun est libre.

Marchery se leva. Sa stature imposante finit de déstabiliser le jeune homme qui se recroquevilla sur sa chaise. Son arrogance s'était évanouie et faisait place maintenant à de l'angoisse.

— Réfléchissez bien ! s'énerva Marchery. Cela ne sert à rien de cacher des informations. Nous finirons bien par découvrir la vérité. Vous feriez mieux de nous dire ce que vous savez.

— Mais… monsieur, je vous assure…

— Lieutenant ! tonna Marchery.

— Je vous assure… lieutenant, c'est vrai, j'en ai vu circuler, mais je ne sais pas qui les amène. Vous savez, ce genre de truc, ça va, ça vient.

— Des analyses sont en cours, dit Corval. Si ces comprimés sont bien ce que l'on pense, vous serez convoqué par nos collègues des stups pour vous expliquer sur la détention de drogue.

Delcourt ne répondit pas. Il avait la tête basse et ses mains tremblaient. Corval sentit qu'il avait fait mouche. Mais il se dit qu'il était inutile d'insister pour le moment. Il cachait des choses, c'était sûr, mais l'audition des invités laisserait certainement filtrer des informations sur le sujet et ils finiraient bien par savoir le ou les noms des fournisseurs. La drogue était un des aspects du dossier, mais pas le seul. Il ne fallait pas se focaliser sur cette seule piste.

— Ce sera tout pour aujourd'hui monsieur Delcourt. Nous vous demandons de rester à notre disposition. J'espère simplement que vous n'avez oublié personne sur cette liste, ajouta-t-il en agitant la feuille avec les noms. Cela vaudrait mieux pour vous.

Delcourt partit comme un fantôme, sans se retourner et sans même dire au revoir.

16

Natalia sortit du bureau, lasse et songeuse. Les premières discussions avec Jean-Bernard Delpèche, le patron de Solicam, se révélaient bien plus ardues qu'elle ne se les était imaginées. Maxime Audebert avait raison, l'homme était coriace et les incohérences qu'elle avait remarquées dans le dossier y trouvaient sans doute leur origine. L'air frais lui caressa le visage et lui redonna de la vigueur. Elle pensa à Sébastien qui devait savourer la tiédeur de Tel-Aviv où des discussions sur les fluides et les micromécanismes l'attendaient. Il n'était parti que la veille, mais il lui manquait déjà. Heureusement, Jade l'attendait au studio Cristal pour une séance photo. Cela lui changerait les idées. La nuit tombait, et bien que la température soit plus clémente qu'à Moscou, l'humidité la fit frissonner. Les lumières des réverbères semblaient danser dans l'obscurité naissante et les passants pressaient le pas, tête baissée. Elle prit un bus pour rejoindre une station de métro où elle s'engouffra précipitamment. Aussitôt, elle fut imprégnée de l'odeur caractéristique des entrailles du réseau souterrain. Elle entendit le bruit d'une rame de métro s'engageant dans la station. Elle accéléra le pas, mais arriva sur le quai juste au moment où les portes des wagons se refermaient. Trop tard. Mais ce n'était pas grave, il n'y avait pas urgence. Jade avait précisé qu'elle pouvait arriver en cours de séance et lui avait donné un créneau horaire assez large.

La rame suivante arriva rapidement. L'heure de pointe étant passée, elle trouva facilement une place assise. La plupart des voyageurs avaient le regard scotché à leur portable ou écoutaient de la musique, impassibles, les écouteurs fichés dans les oreilles. Personne ne parlait. Chacun dans son monde. Son regard fut attiré par le titre d'un article d'un journal qu'un homme lisait deux banquettes plus loin. « Épidémie galopante à Wuhan. » Mais de sa place, elle n'arrivait pas à lire l'article. Elle en avait entendu parler au bureau, mais ne savait pas vraiment de quoi il s'agissait. Seule certitude, Wuhan se trouvait en chine.

Cette fois, elle ne loupa pas la correspondance et sortit du métro à deux pas du studio de Nicolas Petrov. Tu ne peux pas le louper, lui avait dit Jade, tu sors et c'est juste en face. Tu verras « Studio Cristal » en blanc sur fond noir. Jade n'avait pas menti, on ne voyait que ça. Les lettres lumineuses brillaient autant que des diamants.

Elle s'apprêtait à entrer quand un homme suspicieux, avec un fort accent, lui fit barrage.

— Désolé signora, c'est privé !

Natalia hésita, se demandant si elle avait bien compris son amie et s'il n'y avait pas un malentendu sur le jour.

— Mais je… j'ai une amie qui m'a donné rendez-vous ici pour une séance photos avec monsieur Petrov.

— Qui est votre amie ?

— Jade.

L'homme se fit plus aimable.

— Ah oui, effectivement, elle m'a prévenu. Dans ce cas, veuillez patienter près de la porte là-bas en attendant qu'elle sorte. Merci de ne pas faire de bruit pour ne pas gêner la séance.

Natalia remercia d'un signe de tête et s'avança sans bruit vers l'endroit que lui avait indiqué le vigile.

Elle jeta un œil derrière un rideau qui la séparait du studio et aperçut une superbe fille noire sous les feux des projecteurs. Elle portait un manteau kaki entrouvert sur un ensemble jaune paille du plus bel effet. De fines bottes en daim mordoré allongeaient sa silhouette. Ses cheveux rehaussés lui affinaient le visage. Sans le voir, Natalia entendait Nicolas Petrov dicter d'une voix rude les pauses à tenir. « Plus haut la main droite… Non, la jambe un peu plus en avant. Voilà, c'est bien… Allez, tourne un peu. Non pas trop. » La jeune femme semblait danser devant un décor automnal où Natalia crut reconnaître le logo d'une grande marque de prêt-à-porter italienne. Les clichés s'enchaînaient et Nicolas s'irritait parfois d'un regard trop ténébreux, d'un sourire trop timide, d'un déhanché pas assez marqué. « Plus tourné et plus haut le visage… voilà, c'est bien ! » C'est à ce moment-là qu'elle réalisa que le métier ne devait pas être facile. « Bon, ça va, tu peux aller te changer. Suivante ! » lança sèchement Nicolas. Natalia s'écarta pour laisser passer l'élégante fille noire qui s'engouffra dans la pièce qui se trouvait à côté et d'où sortit immédiatement une jeune fille brune aux cheveux courts, portant un ciré couleur citrouille, un col roulé beige, un pantalon marron légèrement évasé en bas et un petit parapluie transparent. « Très bien Estelle. Allez, on s'y met ! Sois naturelle, souriante et laisse-toi aller ! » Natalia n'eut pas le temps de voir la jeune fille prendre sa première pose qu'elle sentit une main lui tapoter l'épaule. C'était Jade.

— Viens, entre ! chuchota-t-elle.

Jade finissait de boutonner un ensemble vert émeraude qui lui allait à merveille. Dans un coin, la grande fille noire se déshabillait déjà pour enfiler une autre tenue avec l'aide d'une jeune fille aux cheveux roux et au visage recouvert d'une myriade de taches de rousseur.

Natalia ouvrit de grands yeux devant l'enfilade des tenues alignées sur des présentoirs.

— Waouh, tout ça ?

— Oui ! On fait la première partie du catalogue automne/hiver de la saison prochaine. On y est déjà depuis plus de deux heures, mais c'est bientôt fini. Il reste juste un dernier passage à Aïwoa après moi.

Depuis le studio, on entendait Nicolas s'exciter sur une pause difficile à tenir. Natalia fit la grimace.

— Bah dis donc, il n'a pas l'air facile !

— C'est le travail. Il est très exigeant et ne tolère aucun écart sur ses directives. Mais le résultat est au top et c'est ce qui fait sa renommée… et un peu la nôtre.

La jeune fille rousse examinait sous toutes les coutures la jupe crayon que la splendide Aïwoa avait enfilée. Pas le moindre pli ne devait froisser l'œil de l'objectif et gâcher la présentation. Chemisier de soie largement ouvert sur sa poitrine, collier scintillant sur son cou ébène, cambrée et attirante, Aïwoa souriait comme une princesse africaine prête à monter sur son trône. Jade et Natalia la regardaient, amusées. Aïwoa leur fit un clin d'œil complice.

— Tu as quelque chose de prévu ce soir ? demanda Jade.

— Non. Je suis seule. Sébastien ne rentre que mercredi. Pourquoi ?

— On peut aller dîner ensemble si tu veux.

— Tu ne dînes pas avec Nicolas ?

— Penses-tu, il a encore une soirée poker.

Dans le studio, elles entendaient Nicolas élever la voix par moment.

— Bon, d'accord. Je prendrai un taxi pour rentrer, je n'aime pas prendre le métro tard le soir.

— Au fait, déclara subitement Jade, tout excitée. Je ne t'ai pas dit, mais je pars jeudi trois jours à Marrakech pour un défilé de mode.

— Formidable ! C'était prévu ? demanda Natalia qui s'étonnait que son amie ne lui en ait pas parlé la veille.

— Non. Je l'ai appris cet après-midi.

— Bah dis donc, ça ne te laisse pas beaucoup de temps pour te retourner.

— Tu sais, c'est le métier, on se doit de toujours être prête. On peut être appelée au dernier moment pour remplacer une fille qui a un empêchement. J'ai fait Rome il y a trois mois. Cette fois, ça va se passer dans un palace samedi et…

Mais Jade fut interrompue par un strident : « Suivante ! »

— C'est à moi, dit Jade. À tout de suite.

Natalia accompagna son amie jusque derrière le rideau séparant le studio de la pièce où les filles se changeaient. Elle croisa la jeune fille brune qui lui fit un sourire au passage suivi d'une moue qui signifiait qu'elle était contente que cela soit fini.

Jade était déjà en place pour les premières prises. D'une main, elle tenait sur son épaule une veste à carreaux. Son autre main dans une poche de son pantalon lui donnait un air décontracté, comme lorsque l'on marche sur un chemin de campagne. Les prises commencèrent. Nicolas précisait un port de tête, insistait sur certaines positions, mais sa voix semblait moins cassante, moins autoritaire qu'avec les autres filles. Les prises s'enchaînaient. De face ou légèrement de profil, Jade fixait l'objectif avec le même regard profond et mystérieux. Elle maîtrisait son art. Tout à coup, Natalia fut surprise d'entendre : « Suivante ! » Elle s'était laissé envoûter par la magie de l'instant sans voir le temps défiler. Jade sortit en souriant pendant que Aïwoa pénétrait à son tour dans le studio pour terminer la séance.

— Ouf ! soupira Jade en s'asseyant dans un fauteuil. Le travail est agréable, mais les rotations finissent par être fatigantes. Je me change et nous pourrons aller dîner. Je connais un petit restaurant sympathique à côté, si tu me fais confiance. J'y vais assez souvent lorsque je travaille ici.

La jeune femme brune s'apprêtait à partir. Jade se leva pour l'embrasser.

— Tu me téléphones quand tu reviens de Marrakech. Promis ?

— Tu peux compter sur moi Estelle, répondit Jade en l'embrassant. Prends bien soin de toi.

La jeune femme s'éloigna, se retourna, lui souffla un baiser sur sa main et s'éclipsa en silence.

Depuis le studio, Jade et Natalia entendirent Nicolas rire aux éclats avec Aïwoa. Elles se demandèrent ce qui avait bien pu déclencher une telle hilarité.

La séance touchait à sa fin et dans le fond de la pièce la jeune fille aux taches de rousseur contrôlait soigneusement les tenues sur les présentoirs.

Jade finissait de se changer quand Aïwoa revint dans la pièce, les bras ballants, comme si le ciel allait lui tomber sur la tête. Elle soupira à son tour, exténuée. Voyant Jade partir, elle lui souffla :

— On se retrouve à l'aéroport jeudi soir ?

— Si tu veux. C'est plus simple.

— Alors à jeudi. Bonne soirée ! ajouta la grande et belle Aïwoa.

— À jeudi ! répondit Jade.

Jade et Natalia passaient juste derrière le rideau qui les séparait du studio quand elles entendirent Nicolas élever le ton.

« Évidemment que je vais vous rembourser. Quand même, vous me connaissez ! Je l'ai toujours fait et ce n'est pas parce que j'ai un peu de retard que cela va changer. Vous savez que vous pouvez me faire confiance ! … Non, ce soir je suis pris, mais je viens vous voir demain matin, sans faute. »

Elles échangèrent un bref regard d'étonnement et s'éclipsèrent en silence. Nicolas Petrov avait des ennuis d'argent ?

17

Marchery arriva les yeux battus, mal rasé et en bougonnant. Il avait mal dormi. Depuis quelque temps, il se plaignait de remontées acides, mais c'était la première fois que des brûlures le réveillaient la nuit.

— Tu bouffes trop ! lui dit Genevois.

— Mais non ! répondit Marchery en posant sur son bureau un sachet au parfum révélateur.

— Déjà, tu devrais y aller mollo avec les croissants.

— Au contraire, je n'ai pas trouvé mieux pour bloquer ces fichues remontées d'égout.

— T'as vu un toubib ?

— J'en ai parlé à Vidal !

— Ah, ah… t'as fait ta préadmission à l'IML !

Marchery haussa les épaules.

— Tu sais, plutôt que d'aller voir un spécialiste qui s'occupe de patients pour lesquels il est déjà trop tard, je serais à ta place, j'irais voir un gastro-entérologue.

Marchery lança un café sans répondre à son collègue. Vidal lui avait dit la même chose.

— Corval n'est pas là ?

— Il est chez le patron, répondit distraitement Genevois en lançant une boulette de papier dans une corbeille posée sur un bureau voisin. Il ne va pas tarder. Nadine a convoqué Sircze…

Sircze… enfin, tu sais, pour une audition ce matin. En attendant, il veut que nous fassions un point sur ce que nous avons pu trouver sur la victime.

Marchery tendit le sachet à son collègue.

— T'en veux un ?

Genevois ne se fit pas prier. Il avait beau critiquer son collègue pour son appétit féroce, il n'en était pas moins gourmand. À la seule différence que lui, il savait se fixer des limites. Marchery était un goinfre invétéré, têtu et au tempérament impétueux, mais il avait un cœur en or.

— On a quoi ? demanda Marchery en entamant son premier croissant.

Genevois fit la moue.

— Pour l'instant, pas grand-chose. Rien de particulier sur les réseaux sociaux concernant Aurélie Darmon. Isabelle Tellier nous en avait tracé un bon portrait. Réservée, discrète, tout en retenue. En tout cas, rien pouvant nous mettre sur la voie de ce mystérieux projet qui devait changer sa vie. Beaucoup de photos avec des copines, au resto, devant des musées ou des monuments de Paris et très peu avec Édouard Delcourt. En tout cas, aucune sur les six derniers mois, ce qui tend à confirmer ce que nous a dit Isabelle Tellier concernant la fin de leur relation. En revanche, elle parle volontiers de sa passion pour le dessin avec pas mal de ses œuvres à l'appui. Elle était douée, la gamine.

— Et du côté d'Édouard Delcourt ?

Genevois fit une mimique soulignant son incompréhension.

— Là, il y a matière à creuser. Contrairement à Aurélie Darmon, il parle de tout et de rien. Surtout de rien d'ailleurs. Il étale sa vie sans aucune retenue. De futilités en bêtises les plus exquises. Je me demande ce qu'ils ont dans la tronche à cet âge-là !

— Et ça dit quoi ?

— C’est ça le problème. Vu la quantité d’infos et de conneries, il faut faire le tri. Nadine a commencé, mais comme elle ne sait pas vraiment ce qu’il faut chercher, elle patine. Mais là non plus, pour l’instant, on n’a trouvé aucun indice pouvant nous mettre sur la voie de ce mystérieux projet. En revanche, il y a des photos des soirées chez son frère. Avec la liste des participants que nous a dressée Thomas Delcourt, on devrait être capable d’associer des noms à des visages.

— Vous avez déjà pu étudier la liste ? demanda Corval, qui avait entendu la fin de la phrase de Genevois en se dirigeant vers son bureau.

— Nadine est dessus.

— Parfait, suivez-moi !

Les deux compères emboîtèrent le pas à leur chef sans oublier le sachet de croissants.

— Alors, qu’avez-vous trouvé ?

— Pas grand-chose pour le moment, répondit Genevois. Aurélie Darmon ne s’étalait pas sur les réseaux sociaux. Ce n’est vraiment pas de bol, ça nous aurait été utile. En revanche, Édouard Delcourt doit y passer le plus clair de son temps vu la quantité de messages et de photos que l’on peut trouver sur ses différents comptes.

— Aurélie Darmon apparaît sur des photos ?

— Bah… assez rarement. En tout cas, pas sur des photos récentes. Mais s’ils n’étaient plus ensemble depuis plusieurs mois, cela s’explique.

— Et dans les soirées chez son frère, on la voit ?

— Une fois seulement. Mais là non plus ce n’est pas étonnant. Édouard Delcourt nous a dit qu’elle n’était venue que deux ou trois fois au début de leur relation.

— On la voit discuter avec quelqu’un sur cette photo ?

— Non, je ne crois pas, mais il faut demander confirmation à Nadine.

— Il faut interroger toutes les personnes participant à ces soirées. Quelqu'un a bien dû discuter avec elle.

— Nadine finit d'éplucher la liste. On va les convoquer.

— Parfait. Sinon, elle a trouvé quelque chose sur ce mystérieux projet ?

— Jusqu'à présent, rien !

— Et sur son ordinateur ?

— C'est Fournier qui s'en occupe. Mais pour l'instant, il n'a rien trouvé d'intéressant et rien non plus sur le projet qui devait changer sa vie.

Corval fit la grimace.

— Décidément. Et le téléphone ?

— Les services techniques viennent juste de le débloquer. Fournier va s'en charger, Il nous prévient dès qu'il aura sorti ce qu'il contient. Ça ne devrait pas être long.

— Très bien ! Il faudra vérifier également où il a borné les jours qui ont précédé le meurtre.

Marchery reprit un croissant et en proposa un à Corval.

— Non, merci. Je ne voudrais pas te priver, ajouta malicieusement le capitaine qui connaissait l'appétit de son adjoint. Ah, au fait, j'ai reçu le rapport de Vidal ce matin.

— Alors ? demanda Marchery.

— La mort par strangulation est confirmée. Les traces sur son cou sont les signes d'une main puissante. Des marques sur son corps confirment qu'elle s'est débattue. Il a pu préciser la plage horaire, entre midi et 13 h. La victime n'a pas été violée. D'autre part, les analyses toxicologiques confirment qu'elle était en parfaite santé et, surtout, qu'elle ne se droguait pas. Ce qui me laisse perplexe concernant les comprimés que l'on a retrouvés chez elle, car le labo confirme que c'est bien une drogue de synthèse. Un nouveau truc, paraît-il, qui fait déjà des ravages.

— Mais pourquoi avait-elle des sachets chez elle si elle ne se droguait pas ? s'étonna Genevois.

— C'est une bonne question.

— C'est peut-être un cadeau d'Édouard Delcourt, suggéra Marchery. Les fréquentations de son frère ne sont pas nettes. Il aura voulu l'impressionner et elle n'aura pas su lui dire non.

— C'est possible, reconnut Corval. Mais de toute façon… Il s'arrêta, son téléphone sonnait. C'était le labo.

Oui, c'est moi… Non, pas du tout… Oui, je vous écoute… Pardon ! Comment ça connu ! Vous êtes sûr ? Ça alors ! Et les empreintes ? Ah bon ! Oui, certainement… Et vous dites que c'est lié ? Ça s'est passé où et quand ? Ah bon ! Ça alors, je n'y crois pas ! Ah oui, c'est sûr ! Merci…

Corval raccrocha, éberlué.

— Que se passe-t-il ? demanda Marchery, intrigué.

— L'ADN. Ils ont trouvé une correspondance dans le fichier FNAEG. C'est celui d'un homme.

— Sans blague, on sait qui c'est ?

— Ben non, malheureusement. L'empreinte génétique est répertoriée parce qu'elle a été retrouvée sur la scène de crime d'un autre homicide. Mais on ne sait pas à qui elle appartient.

— Et les empreintes ?

— Rien. Uniquement celles de la victime sur les verres et aucune sur la bouteille. Le meurtrier a dû les effacer.

— Un autre homicide, souffla Marchery, incrédule. Où ça ?

— À Tournefeuille. C'est du côté de Toulouse, je crois. Une jeune femme également.

— Il y a longtemps ?

— Non, il y a quelques mois. L'affaire est toujours en cours.

Chacun se regarda, stupéfait. L'information était déstabilisante. Se pouvait-il que les deux affaires soient liées ? Mais comment pouvait-il en être autrement avec le même ADN retrouvé sur les deux scènes de crime.

— Cela veut dire que le meurtrier se balade en France ? réalisa subitement Marchery.

— Manifestement oui ! se désola Corval. Cela ne va pas nous faciliter la vie. Je vais prendre contact d'urgence avec nos collègues du SRPJ chargés de l'affaire de Tournefeuille.

L'affaire prenait un tournant inattendu. Il fallait absolument connaître les circonstances du meurtre de Tournefeuille, l'âge et l'identité de la victime afin d'établir le lien éventuel que ces affaires pouvaient avoir. S'agissait-il également d'une étudiante ? Se connaissaient-elles ? La piste d'un meurtre local prenait tout à coup une tournure nationale.

— Et s'il y avait d'autres victimes ? s'interrogea Genevois.

— Ça m'étonnerait, dit Corval. Le fichier y ferait référence. Mais tout n'a peut-être pas encore été découvert. Nous ne sommes pas à l'abri de mauvaises surprises. Si c'est un pervers qui s'en prend à des étudiantes, tout est possible. En attendant, il faut continuer de travailler sur les pistes que nous avons. Et plus particulièrement parmi le cercle du frère aîné des Delcourt. La drogue me paraît le mobile le plus en rapport avec une affaire nationale.

— Et son ex-petit ami, heu… Arthur Cordelier, on le convoque quand même ? demanda Marchery qui repensait à sa théorie de la jalousie.

Corval hésita.

— … Oui. Mais si je peux imaginer la jalousie comme mobile pour le meurtre d'une ex-petite amie, je ne vois pas un étudiant traverser la France pour aller tuer une autre jeune femme. Dans ce cas, le mobile serait tout autre. La drogue peut-être. Il ne faut rien négliger. Il s'interrompit en apercevant Nadine à la porte de son bureau.

— Oui Nadine ?

— Monsieur Sirczevierevski est arrivé.

— Ah, très bien. Faites-le patienter. Hervé, tu continues à fouiller dans la vie d'Aurélie Darmon avec Nadine. Vérifiez si elle a des connaissances ou de la famille du côté de Toulouse. Toi, Lionel, tu viens avec moi pour auditionner Sircze… ver… sky.

18

Sirczevierevski faisait les cent pas. Il se demandait ce qu'il faisait là. Des questions, lui avait dit l'Iroquoise. Des questions à quel sujet ? Qu'est-ce que la police pouvait bien attendre d'un moniteur d'auto-école ? Que lui voulait-on ? Il était en règle, bon sang. En tout cas, cette convocation avait perturbé le planning et il avait dû se faire remplacer au dernier moment, ce qui lui avait valu une remarque un peu déplacée du gérant, qui devait se demander dans quelle affaire il avait pu tremper. Quelle foutue matinée. Il oscillait entre colère et inquiétude.

Corval et Marchery le regardaient arpenter nerveusement la pièce. Mince et légèrement voûté, il respirait néanmoins la solidité des hommes dans la force de l'âge, un âge que l'absence de cheveux rendait difficile à évaluer. Quarante, cinquante ? Son visage allongé, ses yeux enfoncés dans leur orbite et ses lèvres pincées lui donnaient un air sévère. Ils se décidèrent à entrer. En les voyant, l'homme s'arrêta immédiatement de marcher et, sans un mot, les fixa d'un regard froid et perçant.

— Asseyez-vous, dit poliment Corval en lui montrant une chaise.

Sirczevierevski saisit la chaise en face de lui et demanda tout aussi poliment :

— Quelle est la raison de cette convocation, s'il vous plaît ?

— Je suis le capitaine de police judiciaire Paul Corval et voici le lieutenant Lionel Marchery. Nous enquêtons sur une affaire pour laquelle nous avons des questions à vous poser.

Le visage de l'homme se renferma, l'inquiétude prenait le dessus sur la colère.

— Quelle affaire ? réussit-il à articuler en voyant les deux flics s'asseoir.

— Vous vous appelez bien Sircze… vierzev… ski ? ânonna Corval.

— Oui, répondit l'homme en esquissant un sourire devant la facilité avec laquelle le policier avait écorché son nom.

Corval apprécia modérément et demanda plus fermement :

— Vous voulez bien décliner votre identité complète et votre âge ?

Le sourire s'effaça.

— Marian, Bogdan Sirczevierevski. 37 ans.

— Vous êtes marié, vous avez des enfants ?

— Oui, je suis marié. J'ai une fille de huit ans.

Corval hocha la tête et enchaîna :

— Vous êtes bien moniteur à l'auto-école du boulevard ?

— Oui, c'est ça !

— Vous connaissez bien vos élèves ?

L'homme fronça les sourcils, se demandant où l'inspecteur voulait en venir.

— Bah… pas plus que ça. Il est vrai qu'au bout d'un certain nombre de leçons, je les connais un peu mieux, effectivement. Pourquoi ?

— Que pouvez-vous nous dire sur Aurélie Darmon ?

Contrairement à ce qu'il espérait, l'homme ne parut pas troublé.

— Rien de particulier. C'est une de mes élèves. Que voulez-vous savoir ?

— Est-ce qu'il vous est arrivé de la voir en dehors des leçons de conduite ?

L'homme s'étonna et répliqua aussitôt :

— Non !

— Vous êtes sûr ?

Cette fois, Sirczevierevski montra un réel signe d'agacement. Sa voix se fit plus dure.

— Évidemment que je suis sûr ! Je n'ai aucune raison de voir les élèves en dehors des leçons de conduite.

— Pourtant, intervint Machery, quelqu'un vous aurait vu discuter avec cette jeune fille, un soir, près de chez elle.

— Qu'est-ce que c'est que cette histoire ?

— Il y a une semaine environ, rue Pestalozzi, ou plutôt la rue juste derrière, insista Corval, cherchant à mettre la pression sur son interlocuteur.

— Je ne sais pas qui vous a raconté de telles idioties, c'est complètement absurde. Je vous assure que je n'ai jamais rencontré cette jeune fille en dehors des leçons de conduite. Et pourquoi toutes ces questions concernant Aurélie Darmon ?

Corval marqua un léger temps d'arrêt avant de répondre afin d'analyser la réaction de l'homme.

— Parce qu'elle a été retrouvée morte chez elle, étranglée.

Sirczevierevski encaissa le coup tel un uppercut. Il cherchait sa respiration. Il finit par souffler d'une voix à peine audible :

— Étranglée ?

— Oui ! Vous comprendrez que l'on cherche à retracer tous les événements qui ont précédé sa mort !

— C'est terrible. Pauvre fille.

Puis, reprenant ses esprits :

— Mais qu'est-ce que je viens faire là-dedans ?

— On vous l'a dit. Quelqu'un l'a vue discuter avec un homme chauve quelques jours avant sa mort. La discussion semblait tendue. Or, vous êtes chauve et vous la connaissiez.

— Oui, je la connaissais, oui je suis chauve, et alors ? Je ne crois pas être le seul chauve de la planète !

— Non, évidemment, mais c'est troublant, répliqua Marchery. D'autant que dans le quartier, on n'a pas trouvé de chauve, à part vous.

— Vous n'avez certainement pas bien cherché !

Sirczevierevski affichait maintenant un regard dur. La colère prenait le dessus. C'était donc ça les questions. Ils ne le soupçonnaient quand même pas de meurtre ?

— Elle prenait des cours chez vous depuis longtemps ?

— Depuis trois mois environ.

— Donc vous la connaissiez bien d'après ce que vous nous avez expliqué.

Corval ressenti comme une certaine gêne chez l'homme.

— … Pas plus que d'autres.

— Mais peut-être suffisamment pour la voir en dehors des leçons, insista lourdement Corval.

— Mais pas du tout. Combien de fois dois-je vous répéter que je n'ai jamais rencontré cette jeune fille en dehors des leçons, et encore moins un soir ! tonna-t-il.

— Oui, bon… je veux bien vous croire.

Le visage du moniteur se détendit à cette phrase.

Il était difficile de prouver le contraire. Le seul témoin de la scène était la voisine de la victime. Une vieille dame sourde et peut-être ne voyant plus très bien. Son témoignage était à prendre avec des réserves. Et Sirczevierevski avait raison, il n'était certainement pas le seul chauve du coin. Rien ne prouvait que ce soit lui qui s'était embrouillé avec la jeune fille. Néanmoins, elle était venue la veille de sa mort décaler sa leçon. Leçon qu'elle avait avec lui, justement. C'était troublant.

— J'ai une autre question, si vous le voulez bien. Le jeudi, Aurélie Darmon est venue pour annuler sa leçon programmée le lendemain. Vous en connaîtriez la raison ?

Sirczevierevski réfléchit un instant.

— Oui… elle m'en avait parlé. Je crois qu'elle avait un rendez-vous qu'elle ne pouvait décaler. Oui, c'est ça, je m'en souviens parce que justement je n'étais pas libre la semaine d'après.

— Vous aurait-elle dit quel était l'objet de ce rendez-vous ?

— Non, cela ne me regardait pas.

Cette fois encore, rien ne pouvait mettre en doute la réponse de Sirczevierevski. Mais peut-être en avait-elle donné la raison à la secrétaire de l'auto-école ? Quoique cela paraissait peu probable si c'était justement à cause d'un litige avec son moniteur qu'elle avait voulu annuler sa leçon. Il faudrait quand même retourner lui poser la question. Corval ne voyait pas vraiment de mobile qui aurait pu amener cet homme à tuer Aurélie Darmon. Mais il avait déjà rencontré des affaires si tortueuses que rien n'était impossible.

— Pourriez-vous nous dire où vous vous trouviez le vendredi 15 janvier entre midi et 13 heures ?

Sirczevierevski pâlit à cette question. Cette fois, c'était clair, il était suspect.

— Comment ça ! Vous ne croyez tout de même pas que j'ai tué cette fille ?

— Répondez à la question s'il vous plaît, reprit calmement Corval.

— Vendredi dernier ?

— Oui, entre midi et 13 heures. Ça ne devrait pas être difficile puisque c'est justement le jour où Aurélie Darmon a annulé sa leçon. Vous devez bien vous souvenir de la reprogrammation de votre journée !

Sirczevierevski réfléchit un instant.

— Effectivement ! répondit-il, énervé. Comme j'avais du temps devant moi, j'en ai profité pour aller au restaurant.

— La brasserie au coin de la rue Pestalozzi ? demanda Marchery avec un brin d'ironie.

— Non, un restaurant sur le boulevard. Le… Le Régent. C'est ça, le Régent. Vous pouvez vérifier.

— Oui, soyez-en sûr, nous allons vérifier.

Corval ne voyait plus de questions à poser. À ce stade, rien ne pouvait mettre en doute la parole de cet homme et, de plus, il prétendait être au restaurant au moment du meurtre. C'était facile à vérifier.

— Monsieur, merci pour vos réponses. Je suis désolé si cette audition a pu vous paraître difficile, mais vous comprendrez que nous devons recueillir le maximum d'informations dans le cadre d'une enquête pour homicide. Nous ne pouvons négliger aucune piste. Nous n'avons plus de questions pour le moment, mais je vous demande de rester à notre disposition en cas d'éléments nouveaux dans l'enquête.

Sans un mot, l'homme se leva, soulagé et salua poliment.

Corval était dubitatif. Bien sûr, Sirczevierevski connaissait la victime et il était chauve comme l'homme que la voisine avait vu s'emporter avec la jeune fille, mais, pour l'instant, aucune preuve tangible ne le désignait comme un coupable, d'autant qu'il semblait avoir un alibi.

— Qu'en penses-tu ? demanda Corval.

Marchery leva les épaules.

— Il coche pas mal de cases. Il connaît la victime et il est chauve comme le type que la voisine a vu discuter avec Aurélie Darmon.

— OK ! Mais quel serait le mobile ?

Marchery fit la moue, ne sachant pas quoi répondre.

— Il y a bien cette histoire de drogue, dit Corval, mais franchement je ne vois pas un moniteur d'auto-école tremper dans ce genre de trafic. Pour moi, la piste de la drogue est à creuser du côté des frères Delcourt.

— Ouais, tu as raison.

— Mais alors quoi ?

— Peut-être l'attirance de cet homme pour la jeune fille ?

Corval fit une moue dubitative.

— Tu crois ? Il n'a pas le profil d'un play-boy !

— Justement, il aura peut-être fait le forcing pour la séduire. Elle était jeune, jolie, intelligente, et des heures passées à côté d'elle dans la voiture auront pu développer chez lui un désir incontrôlable.

— Mouais…

— Imagine, il tente de la séduire pendant les leçons, fait des approches et s'organise pour la revoir en dehors des heures de conduite. Avec le dossier d'inscription, il ne lui était pas difficile de savoir où elle habitait. Cela pourrait expliquer ce fameux soir où la voisine a vu Aurélie Darmon discuter avec un homme chauve.

Corval ne semblait pas convaincu.

— En admettant que ce soit bien lui que la voisine ait vu discuter ce soir-là. Tu oublies que la conversation était tendue. Si elle l'a envoyé balader, ce n'était certainement pas pour le recevoir le vendredi.

— Ouais… mais rien ne prouve qu'elle l'ait envoyé balader. La tension dans la conversation n'est qu'une interprétation de la vieille dame. Elle peut se tromper. Je te rappelle qu'elle nous a dit qu'ils s'étaient serré la main en se quittant. Ils avaient peut-être décidé de se revoir ?

— Oui… peut-être, admit Corval, toujours pas convaincu. Quand même, tu peux m'expliquer quel rapport il y aurait entre une affaire de cœur et ce fameux projet qui pouvait changer sa vie et dont elle semblait folle ?

Marchery fit la grimace, ne sachant pas quoi répondre.

— Qu'aurait-il bien pu lui proposer ? Non, j'ai du mal à croire en ce scénario. Et pourtant, je ne sais pas pourquoi, je le trouve bizarre ce type.

— Moi je le trouve surtout antipathique.

— D'accord. Mais cela n'en fait pas pour autant un meurtrier.

Les deux inspecteurs restèrent un moment pensif.

Sirczevierevski n'avait pas le profil, il n'y avait pas de mobile clair et pourtant ils avaient le sentiment qu'un truc clochait. Mais quoi ? Cachait-il quelque chose ?

— Bon, j'ai faim, moi ! finit par dire Marchery. Tu m'accompagnes au resto ?

— Non, je dois encore voir le commissaire. Après déjeuner, tu retournes à l'auto-école avec Hervé. Peut-être que la secrétaire saura vous dire pour quelle raison Aurélie Darmon voulait décaler sa leçon. Peut-être qu'elle aura également observé une relation entre les deux protagonistes pouvant étayer ton hypothèse. Et passez au Régent vérifier son alibi. On refait le point dans l'après-midi.

Marchery sortit de la salle d'audition et fonça au bureau de Genevois. Il n'allait quand même pas déjeuner tout seul.

19

La brasserie des Deux Boules grouillait de monde. Les éclats de voix, les rires, les bruits des couverts et les commandes en cuisine s'entremêlaient. Le service battait son plein au cœur d'une atmosphère riche en odeurs et saturée d'humidité et de chaleur. Les vitres embuées ne permettaient pas de voir distinctement, dans la rue, les rares passants bravant le froid de cette mi-janvier. Un univers clos, comme un dernier refuge, où régnait un joyeux brouhaha. Les tables se frôlaient, mais chacune était dans son monde, racontait sa propre histoire. Des histoires de bureau, de sport, d'adultère, de voyage, de rumeur d'épidémie et surtout, d'inquiétude sur les voies d'eau que le navire France n'arrivait plus à colmater, laissant craindre qu'il ne coule. Beaucoup craignant le pire. Les débats ne portaient pas tant sur la certitude de la catastrophe que sur son échéance. À moyen terme pour les moins pessimistes, à court terme pour les autres.

Dans leur coin, Marchery et Genevois étaient loin de ces préoccupations, absorbés par l'affaire en cours.

— Je ne crois pas à ce scénario, dit Genevois en repoussant son assiette qu'il avait à peine touchée. Une aventure sentimentale serait devenue une affaire capitale ?

Marchery oscillait entre doute et certitude. Bien sûr, il ne voyait pas comment une histoire de cœur aurait pu dériver à ce point. Comme il ne voyait pas non plus quel projet un moniteur d'auto-école aurait pu proposer à une jeune fille pour qu'elle croie que cela allait changer sa vie. Malgré tout, pour lui, Sirczevierevski était bien le type que la voisine avait vu discuter avec Aurélie Darmon quelques jours avant sa mort. Alors quoi ?

— Il n'y a certainement aucun rapport, continua Genevois. Ils se sont vus, d'accord. Mais dispute ou non, je ne vois pas de mobile clair pouvant justifier ce meurtre.

Marchery secoua la tête, indécis. Il ne répondit pas et avala goulûment la dernière bouchée d'un cassoulet maison qu'il appréciait autant que la choucroute. Le sommeil était difficile, mais l'appétit compensait.

— Tu as sans doute raison, finit-il par admettre en faisant un signe à la serveuse. Tu veux un café ?

— Tu ne prends pas de dessert ? s'étonna Genevois.

— Non, j'ai comme un poids sur l'estomac.

— Ça ne m'étonne pas. À la vitesse à laquelle tu as avalé ton cassoulet, tu vas encore avoir des remontées acides.

Marchery souffla, se fendit de son plus beau sourire et commanda deux cafés et l'addition.

Dès la sortie de la brasserie, l'air vif les réveilla brutalement. Ils accélérèrent le pas. Il ne fallait pas traîner, l'après-midi était chargé. Cette fois, ils ne se perdirent pas et retrouvèrent facilement l'auto-école et son Iroquoise, assise derrière son bureau. Elle avait l'air soucieuse. Elle les accueillit d'un regard en biais.

— Je ne sais pas ce que vous lui avez dit, mais monsieur Sirczevierevski avait l'air contrarié lorsqu'il est revenu du commissariat. Il est parti donner sa leçon sans même me dire un mot.

Marchery se fendit d'un sourire en guise de réponse. Manifestement, l'homme ne s'était pas confié sur la nature de son audition. En avait-il honte ou avait-il justement des choses à cacher ? En tout cas, cela leur laissait toute latitude pour interroger la secrétaire.

— Nous aurions quelques questions à vous poser, si vous n'y voyez pas d'inconvénient.

Genevois se retint de rire. C'était bien la première fois qu'il voyait ce gros balourd prendre des gants pour poser des questions. L'Iroquoise, elle, se crispa.

— Je… oui, si je peux vous être utile.

— Voilà, hier vous nous avez dit qu'Aurélie Darmon était venue jeudi dernier pour annuler sa leçon programmée le lendemain. Vous en aurait-elle donné la raison ?

— Bah… non, je ne crois pas… je ne me souviens pas.

— Vous ne savez pas ou vous ne vous souvenez pas ? demanda Marchery sur un ton plus ferme, le naturel reprenant le dessus.

La femme se raidit sous l'effet de l'intonation du lieutenant.

— Je ne sais plus moi. Vous savez, ça arrive souvent que des élèves demandent à reprogrammer une leçon… pour des raisons diverses.

— J'imagine que cela ne doit pas vous faciliter la vie, dit Genevois.

— Non, mais on les informe à l'inscription qu'ils doivent nous prévenir suffisamment à l'avance en cas de demande de report, sous peine de perdre le montant de la leçon.

— Ah bon ! s'étonna Marchery d'une démarche aussi peu commerciale. Et prévenir la veille, c'est suffisant comme délai ?

L'Iroquoise sembla gênée.

— C'est-à-dire qu'avec Aurélie, c'était un peu différent. Mais pourquoi toutes ces questions ? Il est arrivé quelque chose à la petite ?

Le visage de Marchery s'assombrit. Il ne pouvait plus cacher l'objet de leur visite.

— Oui, malheureusement. Elle a été retrouvée morte chez elle.

L'Iroquoise se décomposa à cette annonce.

— Ce n'est pas vrai ! finit-elle par dire. Comment est-ce possible ?

— C'est ce que nous cherchons à savoir, madame. C'est la raison pour laquelle nous interrogeons toutes les personnes qui étaient en relation avec elle et qui l'ont vue dernièrement.

Sous le choc, la secrétaire avait maintenant l'air d'une chienne apeurée. C'est tout juste si sa crête ne s'était pas affaissée. Elle regardait alternativement les deux flics d'un regard perdu. Ses yeux se remplissaient de larmes.

— Que voulez-vous dire par « avec Aurélie, c'était un peu différent » ?

La femme fit un effort pour répondre.

— Je ne la connaissais pas particulièrement, mais elle nous avait été présentée par une connaissance de monsieur Sirczevierevski. Alors, évidemment, c'était un peu différent… Malheur, quelle tristesse. Que lui est-il arrivé ?

— Nous cherchons à comprendre, madame. Nous cherchons. Vous dites une connaissance de votre moniteur. Vous connaissez le nom de cette personne ?

— Non, mais monsieur Sirczevierevski le connaît, lui.

— Évidemment, ne put s'empêcher de dire Marchery.

L'information était capitale. Ainsi, le moniteur connaissait Aurélie Darmon autrement que par les leçons de conduite. Il leur avait donc menti. Cela changeait beaucoup de choses.

— Vous ne vous souvenez vraiment pas de la raison pour laquelle mademoiselle Darmon a voulu décaler sa leçon ? redemanda Marchery d'un ton plus modéré.

— Non, je suis désolée.

Marchery ne cacha pas sa déception. L'Iroquoise ne leur en dirait pas plus, mais le peu qu'elle leur avait dit était important.

— Pour l'instant, je n'ai plus de questions, madame. Nous serons amenés à revoir votre moniteur, dit Marchery en lui tendant sa carte. Si quelque chose vous revenait, n'hésitez pas à me téléphoner.

— Je… bien sûr, bafouilla la secrétaire.

— Ah, une dernière question, demanda Genevois juste avant de sortir. Vous connaîtriez le restaurant « Le Régent » ? Nous devons nous y rendre. Il se trouve sur le boulevard a priori, mais de quel côté ?

L'Iroquoise renifla.

— C'est facile, juste à gauche au bout de la rue. Nous étions à côté avant que nous déménagions ici.

— Merci !

Les deux compères n'eurent pas beaucoup le temps d'échanger sur cette information capitale, le restaurant « Le Régent » se trouvant à quelques pas. Ils entrèrent, heureux de se mettre à l'abri du vent glacial qui venait de se lever. La salle était vide et peu éclairée. Une odeur de détergent flottait dans l'air.

— Le service est terminé, messieurs, s'empressa de leur dire un jeune homme affairé à nettoyer les tables.

Marchery et Genevois sortirent leur carte et se présentèrent. Le jeune homme s'arrêta de frotter et leur indiqua de la main une arrière-salle.

— Le patron est là-bas !

Un homme élégant était assis à une table au fond de la pièce, penché sur un ordinateur. Il leva la tête et dit poliment : « Si c'est pour déjeuner messieurs, vous arrivez trop tard, le service est terminé. »

— Oui, nous savons, répondit Marchery en montrant sa carte. Auriez-vous un instant pour répondre à quelques questions ?

L'homme sembla tout à coup inquiet.

— Heu… oui, c'est à quel sujet ?

— Cela concerne un client qui serait venu déjeuner chez vous vendredi dernier. Un homme chauve, d'une quarantaine d'années.

Cette fois, le patron fit une moue interrogative.

— … Oui, peut-être.

— Vous ne vous souvenez pas ?

— Non ! Moi je suis au bar et je ne fais pas attention à tous les clients. Mais il faut demander à mon serveur, dit-il en se levant pour se diriger vers la grande salle, il saura peut-être vous dire. Je peux vous offrir un café ?

— Volontiers, répondit Genevois.

— Adrien ! Tu te souviens d'un client chauve qui serait venu déjeuner vendredi dernier ? demanda le patron en se dirigeant vers le percolateur pour lancer les cafés.

Le jeune homme s'arrêta d'astiquer et réfléchit un instant.

— Ouais, c'est possible.

— Un homme chauve, au visage allongé, avec de petits yeux et des lèvres… fines, décrivit Marchery.

— Ah oui, je me souviens. Un type peu causant, un peu austère. Pourquoi ?

— Vous vous souvenez à quelle heure il est arrivé ?

— Bah… je ne sais pas trop.

— Vous n'avez pas une idée ?

Le serveur leva les épaules pour toute réponse.

— Le service était déjà commencé ? demanda Marchery.

— Ah oui !

— Et donc ?

— Eh bien… (*le jeune homme souffla*) je dirais qu'il est arrivé un peu avant la fin du premier service.

Marchery commençait à bouillonner devant les réponses évasives du garçon et surtout d'un manque d'horaire, même approximatif.

— C'est-à-dire vers quelle heure ? redemanda-t-il plus fermement.

Le serveur afficha clairement son agacement.

— Bah, je ne sais pas, moi… midi et demi… une heure. Peut-être un peu après.

— Vous ne pouvez pas être plus précis ?

Le jeune homme fronça les sourcils. Il s'apprêtait à être désagréable quand l'arrivée du patron avec les cafés le ramena à la raison.

— Vous savez, le service est prenant et je n'ai pas le temps de regarder l'heure, mais oui, plutôt vers la fin du premier service.

Marchery et Genevois échangèrent un regard. Il leur serait difficile d'avoir un horaire plus précis. Le moniteur d'auto-école avait prétendu être au restaurant entre midi et 13 heures, mais s'il était arrivé vers midi et demi voire 13 heures, son alibi devenait bancal. La rue Pestalozzi n'était pas si loin que ça. Dix, quinze minutes à pied au maximum. Le meurtre ayant eu lieu entre midi et une heure, il avait le temps d'étrangler Aurélie Darmon avant de venir au restaurant.

— Cet homme vous a-t-il paru tendu, nerveux, angoissé ?

— Non. Il était calme. Je dirais absent, comme perdu dans ses pensées. Vous savez, il n'a pas beaucoup parlé.

— Vous n'avez rien remarqué de particulier dans son comportement ? insista Marchery.

— Bah non ! Vous savez, des clients j'en vois de toutes sortes. Je n'ai pas le temps d'analyser le comportement de chacun. Je n'ai pas fait psycho, dit-il d'un ton légèrement sarcastique. La seule chose que je peux dire c'est qu'il a mangé seul et qu'il ne m'a laissé qu'un maigre pourboire.

— Vous avez une caméra de surveillance dans l'établissement ? demanda Genevois.

— Bah… non, répondit le patron.

Marchery et Genevois sortirent du restaurant avec des sentiments partagés. D'un côté, Sirczevierevski connaissait bien la victime et son alibi n'était pas fiable. Mais de l'autre, ils ne voyaient pas de mobile pouvant expliquer le meurtre.

20

Nadine avait épluché la liste des invités que leur avait fournie Thomas Delcourt. Des jeunes de bonne famille pour la plupart, n'ayant jamais fait parler d'eux, si ce n'est qu'au travers de magazines people pour quelques-uns. Mais un nom avait attiré son attention. Un certain Giacomo Petri. Ce nom lui rappelait quelque chose et, après vérification, elle avait eu confirmation que sa mémoire ne lui jouait pas des tours. Giacomo Petri était connu de la police pour des petits trafics et possession de drogue. Son casier faisait mention de nombreuses contraventions et quelques délits mineurs. On pouvait dire qu'il en avait fait des allers-retours chez les flics et devant le juge. Mais comme souvent, il s'en était sorti avec un rappel à la loi et libre de recommencer ses petites affaires. Elle fit aussitôt la relation avec les sachets retrouvés chez la victime et, cette fois, Giacomo Petri risquait d'avoir chaud aux fesses. C'était une avancée dans ses recherches, car elle n'avait toujours rien trouvé d'exploitable sur les réseaux sociaux. Elle se précipita pour avertir Corval.

Corval, justement, était au téléphone.

Oui, nous aussi. C'est pourquoi j'ai tenu à vous contacter… Bien sûr, ça me paraît évident. Comment ? Non, en fait, nous venons seulement de commencer l'enquête. Ça s'est passé il y a cinq jours. Pour l'instant, nous n'avons que quelques indices, mais nous pourrons mettre nos informations en commun… – Il fit signe à Nadine d'entrer dans son bureau – *Bien sûr, ce sera plus facile que d'échanger par courriels ou par téléphone… Comment ? Dès demain matin ? Pas de problème, je demanderai à un de mes hommes d'aller la chercher… Je vous en prie, c'est normal. Confirmez-moi simplement le numéro de vol… Parfait, on reste en contact, et merci.*

— Vous avez quelque chose Nadine ? s'empressa de demander Corval en voyant le visage radieux de la jeune femme.

— Je crois bien. J'ai fini d'étudier la liste que nous a faite Thomas Delcourt. Des jeunes de bonne famille, certains même avec des noms connus, mais sans problèmes particuliers. Sauf un. Un certain Giacomo Petri. Il est connu de nos services pour différents trafics et possession de drogue.

Corval saisit la fiche qu'elle lui tendait. Sur la photo, le jeune homme avait un visage enfantin.

— Mais c'est un gamin !

— Non, pas tout à fait, il a 23 ans.

— Ah ! Il fait vraiment plus jeune.

— Vous croyez qu'il pourrait être le fournisseur des comprimés que l'on a retrouvés chez la victime ?

— C'est possible. Si c'est le cas, je suis surpris que Thomas Delcourt l'ait couché sur la liste. Soit qu'il dit la vérité et ne sait pas qui est le fournisseur de la drogue qui circule chez lui, ce que j'ai du mal à croire, soit qu'il n'aura pas osé omettre son nom, sachant qu'on finirait par l'identifier. En tout cas, il va falloir interroger ce Giacomo Petri en priorité. Il devrait avoir des choses intéressantes à nous dire.

— J'ai noté son adresse, s'il n'a pas déménagé…

— Marchery et Genevois vont aller le cueillir. Avec ce genre de client, je préfère l'effet de surprise à une convocation en bonne et due forme.

— Cueillir qui ? demanda Marchery en entrant dans le bureau de Corval.

— Un dénommé Giacomo Petri, connu de nos services pour différents trafics et possession de drogue et qui, comme par hasard, fait partie de la liste des invités aux soirées de Thomas Delcourt.

— C'est une piste intéressante, dit Genevois.

Corval hocha la tête.

— Mouais ! Pour la drogue sans doute, mais pour le meurtre…

— Pourquoi tu dis ça ? demanda Marchery.

— Bah, son casier fait mention principalement de contraventions et de délits mineurs. Il y a quand même une sacrée marche pour passer au meurtre, tu ne crois pas ? Et puis si l'on détaille les lieux des affaires, cela s'est toujours passé à Paris.

— Et alors ?

— Alors, je ne pense pas qu'il ait jamais mis les pieds à Tournefeuille. Enfin, il faut quand même l'interroger, je me trompe peut-être.

Marchery eut également un doute. Son chef avait souvent une bonne intuition et ce qu'ils avaient appris cet après-midi concernant le moniteur d'auto-école, replaçait ce dernier au premier rang des suspects.

— Et de votre côté, vous savez pour quelle raison Aurélie Darmon a voulu décaler sa leçon de conduite la veille de son meurtre ? enchaîna Corval.

— Non, mais on a mieux, répondit Marchery.

— Ah bon !

— Ouais ! La secrétaire n'a pas été capable de nous en donner la raison, mais elle nous a donné une information intéressante. Le moniteur connaissait Aurélie Darmon autrement que par les leçons de conduite.

— Comment ça ?

— Elle s'est inscrite dans cette auto-école sur recommandation d'une connaissance du moniteur.

— Ah ouais ! Elle vous a donné le nom de cette personne ?

— Non, mais on va le demander à Sirczemachin.

— Il va falloir le convoquer de nouveau. Il s'est bien gardé de nous le dire.

— Ouais ! Surtout que ce n'est pas tout. On est passés au restaurant où il nous a dit avoir déjeuné le vendredi midi. Il y était bien, mais pour l'horaire, il y a un flou. Le serveur n'a pas été capable de nous donner son heure d'arrivée précise, mais, d'après lui, c'était plutôt vers la fin du premier service, c'est-à-dire vers midi et demi, voire 13 heures.

Corval fronça les sourcils.

— Oui et ?

— Bah, la rue Pestalozzi n'est qu'à dix ou quinze minutes à pied du resto. Alors, même s'il est arrivé à midi et demi au « Régent », cela lui a laissé le temps pour étrangler Aurélie Darmon et venir casser la croûte.

Corval semblait sceptique.

— T'es pas d'accord ? s'étonna Marchery.

— Oui, le raisonnement est juste, mais tu crois réellement qu'un type irait tranquillement au restaurant après avoir commis un meurtre ?

Marchery tenait à son idée.

— Tu sais, on en a vu d'autres… Je te rappelle qu'il nous a menti. Il s'est bien gardé de nous dire qu'il connaissait la victime grâce à une de ses connaissances.

— C'est vrai, c'est troublant. Mais quel serait le mobile ?

— Pour moi, c'est un pervers froid et déséquilibré. Il n'aura pas supporté qu'elle se refuse à lui et l'aura étranglée dans un moment de folie.

Corval restait silencieux. Le doute l'envahissait. La piste de la drogue lui avait paru la plus sérieuse et la découverte d'un jeune délinquant fréquentant le cercle de Thomas Delcourt étayait cette hypothèse. Mais son cœur de business se trouvait à Paris et il y avait peu de chances qu'il ait sévi du côté de Toulouse, ce qui l'éloignait du meurtre de Tournefeuille, et donc de celui d'Aurélie Darmon puisqu'ils avaient été commis par la même personne. Bien sûr, il pouvait se tromper. Mais quand même, le scénario perdait de sa force. Alors que les arguments avancés par Marchery concernant le moniteur d'auto-école tenaient la route, c'était le cas de le dire. Ils avaient peut-être affaire à un psychopathe. D'autant que ça matchait avec l'homme chauve que la voisine avait vu discuter avec la jeune fille quelques jours avant le drame. Mais là aussi, le scénario semblait fragile. En effet, il donnait ses leçons de conduite à Paris, alors quel rapport avec le meurtre de Tournefeuille ? Non, ça ne collait pas. Mais surtout, il ne voyait pas ce qu'un modeste trafiquant de drogue ou un moniteur d'auto-école aurait bien pu proposer à Aurélie Darmon pour qu'elle imagine que cela allait changer sa vie. Et puis il y avait cette histoire de clé USB. Elle était manifestement au centre de cette affaire. Que contenait-elle donc pour que le meurtrier prenne autant de risques pour venir la récupérer. Ce n'était pas anodin. Malgré tout, si aucune des deux pistes ne semblait solide, rien n'était impossible.

— Demain après-midi, vous irez me cueillir Giacomo Petri. Même s'il n'est coupable que de trafic de drogue chez Delcourt, il sera peut-être capable de nous fournir des informations concernant les relations qu'Aurélie Darmon aura pu nouer lors des soirées.

— Pourquoi pas demain matin ? demanda Marchery.

— Parce que demain, dans la matinée, tu vas à Orly chercher une collègue qui est sur l'affaire de Tournefeuille. J'ai eu son patron au téléphone et nous avons jugé qu'il était intéressant de collaborer. Pendant ce temps, Nadine, contactez les personnes qui figurent sur la liste de Thomas Delcourt ainsi que ce fameux Arthur Cordelier, il faut commencer à les interroger. Voyez également tout ce que vous pouvez trouver sur le moniteur d'auto-école. Femmes, loisirs, addictions, etc. Je veux cerner le bonhomme avant de l'auditionner de nouveau. Et dites à Fournier de venir me voir. Qu'est-ce qu'il fout, il n'a pas encore fini avec le téléphone et l'ordinateur de la victime ?

21

Cheveux courts, blouson en cuir élimé, jean serré et bottes à bouts pointus, une jeune femme se frayait difficilement un chemin parmi les voyageurs saturant l'aéroport d'Orly. Entre ceux qui fonçaient tête baissée pour attraper leur train, ceux qui avançaient en zigzaguant cherchant des yeux la zone où stationnaient les taxis, et ceux qui, comme elle, cherchaient à éviter ces chicanes mobiles, il fallait faire gaffe de ne pas emplafonner quelqu'un. Elle s'arrêta un court instant pour chercher du regard le collègue qui devait l'attendre et n'eut aucun mal à repérer un type balèze tenant une pancarte à son nom. Elle s'avança vers lui à grands pas, heureuse de s'éloigner de la foule.

En la voyant arriver, Marchery se demanda ce que cette touriste voulait lui demander, mais il n'eut pas le temps de réfléchir plus longtemps que déjà elle était plantée devant lui.

— Bonjour, Linda Tanga ! lança-t-elle en lui tendant la main. On ne peut pas vous louper !

Marchery esquissa un sourire, ne sachant pas s'il fallait prendre cela pour un compliment.

— Enchanté. Lionel Marchery, bredouilla-t-il. Vous avez fait bon voyage ?

La jeune femme le regarda d'un air dépité.

— Je n'aime pas l'avion. C'est chiant ! On est mal assis, on n'a pas de place, ça bouge tout le temps et les odeurs sont parfois désagréables. Sans compter le temps pour aller à l'aéroport et le temps d'attente avant d'embarquer. Mais à part ça, ouais, ça a été.

« Eh bien, se dit Marchery, elle n'a pas la langue dans sa poche, la petite. Au moins, le parler est raccord avec la tenue. »

— Nous sommes attendus au commissariat pour faire le point. Je suis garé juste à la sortie. Je prends votre bagage ? ajouta-t-il timidement en glissant sa pancarte sous le bras.

— Non merci ! répondit-elle d'un ton ferme en saisissant la poignée de sa valise à roulettes. Je ne suis pas en sucre et mon chien est docile.

Marchery sourit. Sa collègue avait son franc-parler, mais elle avait de l'humour. C'était déjà ça.

Corval tournait en rond dans son bureau en attendant Marchery et la lieutenante du SRPJ de Colomiers. Il était contrarié. Fournier lui avait fait son rapport concernant l'analyse du téléphone et de l'ordinateur d'Aurélie Darmon et celui-ci n'avait trouvé aucun élément pouvant apporter un éclairage sur le drame. Pas d'appels ou de messages suspicieux. Le seul numéro revenant régulièrement étant celui d'Isabelle Tellier, ce qui n'avait rien d'anormal au vu de l'amitié qui reliait les deux jeunes filles. La galerie photo confirmait la passion de la victime pour le dessin et la peinture avec beaucoup de photos prises dans les musées. On y retrouvait certaines qu'elle avait postées sur les réseaux sociaux. Et puis surtout, rien concernant ce projet si important dont leur avait parlé Isabelle Tellier. Un véritable mystère. Quant au bornage de son téléphone, il indiquait sa présence près de chez elle ou dans Paris les jours précédant sa mort. Information d'une parfaite banalité pour une étudiante qui fréquentait justement une fac et des musées au cœur de la capitale. Avec ça… L'arrivée de Marchery et de Linda Tanga le sortit de ces pensées négatives. Il remarqua du premier coup d'œil le dynamisme de leur jeune collègue.

— Bonjour Madame.

— Appelez-moi Linda, si vous le voulez bien, dit-elle d'un ton autoritaire.

— Heu… oui, bien sûr. Vous avez fait bon voyage ?

Marchery s'attendait à la même tirade que la jeune femme lui avait servie à l'aéroport, mais Linda Tanga se fendit d'un simple : « Ouais, merci. »

— Le commissaire Marcelin vous prie de bien vouloir l'excuser, mais il avait une réunion avec le substitut du procureur et ne pouvait pas être là pour votre arrivée. Il m'a chargé de vous dire qu'il aura plaisir à vous recevoir à son retour.

Linda esquissa un léger mouvement de tête, pouvant laisser sous-entendre qu'elle était touchée par l'attention ou, plus probablement, qu'elle n'en avait rien à faire.

— En attendant, si vous le voulez bien, nous allons vous résumer les faits qui se sont produits chez nous et puis vous pourrez nous exposer l'affaire de Tournefeuille. Cela nous permettra de voir s'il y a des points communs en dehors des empreintes génétiques.

Nadine et Genevois attendaient déjà en salle de réunion. Après de brèves présentations, Corval et Marchery commencèrent à récapituler l'affaire Aurélie Darmon, depuis la découverte du corps par son soi-disant petit ami, Édouard Delcourt, jusqu'aux soupçons concernant le moniteur d'auto-école. Bien sûr, ils mirent l'accent sur le mystérieux projet qui devait changer la vie de la jeune fille, les sachets de drogues retrouvés sur place, la visite surprise de l'appartement de la victime et la disparition de la clé USB, le cercle des amis de

Thomas Delcourt et du coupable potentiel qui s'y rattachait en la personne de Giacomo Petri. Les indices tendaient à prouver qu'elle connaissait son meurtrier, et cela n'était pas incompatible avec les suspects puisque Sirczevierevski était son moniteur d'auto-école et qu'elle avait pu faire connaissance avec le jeune dealer au cours d'une des soirées branchées du samedi soir, même si elle n'y était allée que deux ou trois fois. En fait, ils avaient des suspects, mais il leur manquait encore des preuves et surtout, ils butaient sur le mobile. Mais l'enquête avait pris une autre dimension quand les traces ADN retrouvées sous les ongles de la victime s'étaient révélées être déjà présentes dans le fichier FNAEG pour un meurtre commis à Tournefeuille quelques mois auparavant. Il s'agissait du même tueur. Les deux affaires étaient liées. Il était donc important d'analyser les points communs entre elles, aussi bien sur la méthodologie que sur les liens éventuels entre les victimes. C'est pour cela que Corval avait contacté son chef, et que celui-ci lui avait proposé de déléguer un de ses inspecteurs pour collaborer à l'enquête qui rebondissait à Paris. Ce qui expliquait sa présence parmi eux aujourd'hui.

Linda Tanga n'avait pas dit un mot pendant la présentation. Attentive et consciencieuse, elle avait pris quelques notes.

— Alors, qu'en pensez-vous ? Trouvez-vous des similitudes dans le meurtre de Tournefeuille au travers de ces éléments ? demanda Corval.

Linda fit la grimace.

— Difficile à dire pour l'instant. Bien sûr, chez nous aussi, il s'agit d'une jeune fille étranglée. Mais ce n'était pas une étudiante. Elle travaillait comme assistante en communication chez Audebert Occitanie, une entreprise de mécanique de précision.

— Qui a découvert le corps ?

— Une de ses collègues avec la concierge de l'immeuble, quatre jours après le drame. La victime, Julie Lenoir, ne s'était pas présentée au bureau et elle était injoignable, ce qui n'était pas dans ses habitudes. Sa direction s'est inquiétée et cette collègue a proposé de passer chez elle après le travail et là, une odeur suspecte l'a incitée à demander à la concierge de venir ouvrir.

— La porte était verrouillée ?

— Non ! Juste claquée.

— Elle a dû ouvrir à son agresseur, comme chez nous. Elle le connaissait.

— Oui, c'est certain !

— Et la scène de crime ?

— Le corps a été retrouvé allongé sur le lit, dans la chambre. Ici, on peut noter quelques points communs avec votre affaire, comme l'étranglement, le fait qu'elle n'a pas été violée, qu'elle s'est débattue, que rien n'a été volé et que ce n'est pas un crime crapuleux. Mais comme il s'agit du même individu, ces similitudes sont logiques.

— Des empreintes ?

— Non, aucune.

— Comme chez nous.

— Et concernant les analyses toxicologiques ? demanda Corval en pensant à la piste de la drogue.

— Rien d'anormal. En tout cas, pas de trace de stupéfiants.

— Vous n'avez pas trouvé chez la victime le genre de comprimés que l'on vous a montrés ?

— Non, pas du tout !

— Qu'avez-vous pu apprendre sur sa vie, sur ses fréquentations ?

— Julie Lenoir. 24 ans. Célibataire, plutôt jolie. Elle louait un deux-pièces dans un immeuble d'une petite résidence. Elle était très proche de ses parents. Elle les voyait régulièrement et semblait heureuse. Ils nous ont quand même dit qu'elle avait rompu avec son compagnon, un ingénieur de la société, deux mois avant le drame. Mais d'un commun accord, ont-ils précisé. De toute façon, celui-ci a été rapidement mis hors de cause. Il se trouvait dans une autre usine du groupe au moment du meurtre.

— Aurélie Darmon avait également rompu avec son petit ami Édouard Delcourt, fit remarquer Marchery.

— Vous savez, à notre époque c'est courant, rétorqua Linda. Sinon, les diverses auditions auprès de ses amis l'ont toutes dépeinte comme une jeune fille attachante, gaie, dynamique et confiante. Quant à ses collègues, ils l'ont décrite comme aimable, sérieuse, compétente et investie à 100 % dans son travail. Bref, la jeune fille modèle.

— Et l'enquête de voisinage ?

— Rien d'exploitable. L'entrée de son immeuble donne sur une petite rue, sans caméra. Ses voisins ne se souviennent de rien en particulier. Il y a toujours un peu de va-et-vient dans ces immeubles et ils n'y prêtent pas vraiment attention. Pour eux, c'était une fille souriante, polie, qui recevait des amis de temps en temps, comme tous les jeunes.

— Parmi les personnes que vous avez interrogées, aucune ne vous a parlé d'un récent changement de comportement ? Elle n'avait jamais fait état de menaces ? Elle n'avait pas parlé d'un homme qui aurait pu la harceler, la suivre ?

— Non ! Comme elle n'a jamais parlé d'un quelconque projet en cours ou à venir qui aurait pu changer sa vie, comme c'est le cas pour votre victime. Non, encore une fois, personne n'a décelé en amont le moindre indice pouvant mener au drame. Et aujourd'hui, personne ne s'explique ce qui a pu se passer. Sans doute la mauvaise rencontre. Mais avec qui, où, comment ? Nous devons bien avouer que nos investigations ne nous avaient pas permis d'avancer jusqu'à ce que votre coup de fil inattendu relance l'espoir de la résolution de notre affaire.

Chacun resta dubitatif. Quel lien pouvait-il y avoir entre une jeune employée du sud de la France et une étudiante en droit à Paris, mis à part qu'elles étaient jolies et qu'elles avaient toutes deux l'air d'être sérieuses ? Comment le meurtrier les avait-il rencontrées ? De quel stratagème usait-il pour les aborder, pour leur donner confiance ? Il devait être présentable, soigné, peut-être même désirable et inspirer confiance. Le profil du meurtrier se dessinait. Un homme dans la force de l'âge, pouvant basculer soudainement dans la folie meurtrière et revenir presque aussitôt à un état de conscience normal. L'effacement des empreintes sur les scènes de crimes en était la preuve.

22

D'après leur analyse, Giacomo Petri n'avait pas vraiment le profil du tueur, mais son audition était indispensable. Ne serait-ce parce qu'il pouvait leur fournir des informations intéressantes sur les participants aux soirées du frère Delcourt.

Linda avait insisté pour accompagner Marchery et Genevois au domicile du jeune homme dans le but de l'interpeller par surprise. Elle n'allait quand même pas poireauter tout l'après-midi au commissariat pour attendre le retour du patron, elle le verrait bien assez tôt. Mais surtout, elle préférait le terrain. De plus, c'était une bonne occasion pour faire connaissance avec ses collègues de la capitale. Et ce n'était pas le temps qui allait leur manquer, car, comme ils s'y attendaient, Giacomo Petri n'était pas chez lui. « Y va rivenir, c'i sour », leur avait assuré l'homme tenant l'épicerie en bas de l'immeuble. Sûr, d'accord, mais dans combien de temps ? Voilà déjà près de deux heures qu'ils attendaient. Giacomo Petri était connu pour enchaîner les petits boulots, pas trop fatigants de préférence, et lui laissant suffisamment de temps pour s'occuper de ses combines. Les différentes enquêtes de voisinage, effectuées tout au long de son parcours de délinquant, le décrivaient comme un garçon discret et peu bavard. Faut dire qu'avec les activités suspectes qu'il menait, il avait plutôt intérêt à en dire le moins possible.

Marchery racontait les péripéties malheureuses et douloureuses de leur visite à l'appartement d'Aurélie Darmon quand ils le virent arriver d'un pas nonchalant et mal assuré. Il semblait fatigué. Son blouson trop grand pour lui accentuait sa silhouette fragile. Au passage, il fit un signe de la main à l'homme qui attendait le chaland derrière la vitrine de sa boutique. Les trois flics sortirent précipitamment de la voiture et l'accostèrent au moment où il allait entrer dans l'immeuble.

— Giacomo Petri ? demanda Marchery en présentant sa carte.

Le jeune homme s'arrêta net, aussitôt sur la défensive.

— Ouais, que me voulez-vous ? Je n'ai rien fait, je reviens du boulot !

— Mais on ne vous accuse de rien, nous voulons simplement vous poser des questions. Vous allez nous suivre au commissariat.

— Là, tout de suite ?

— Oui, tout de suite ! répondit Marchery d'un ton ferme. Ils avaient déjà assez attendu. Plus vite vous aurez répondu à nos questions, plus vite vous serez rentré chez vous. Et nous aussi, pensa-t-il.

— Mais j'aurais bien voulu me changer et boire un coup !

— Ne vous inquiétez pas. On vous offrira à boire. On n'est pas chiches. Allez, venez ! ordonna-t-il en lui montrant la voiture.

Vingt minutes plus tard, Giacomo Petri attendait en salle d'audition. Visage fermé, joues creusées, il avait le teint gris des prédateurs de la nuit. On lui donnait à peine seize ans alors qu'il en avait vingt-trois. Il avait déjà fait parler de lui quand il était mineur pour tapage nocturne, menaces, injures et dégradation de mobilier urbain. Puis, il était monté progressivement dans l'échelle des atteintes à l'ordre public avec violence et tentative d'escroquerie. Enfin, il s'était fait pincer plusieurs fois avec une quantité de drogue supérieure à ce que pouvait prétendre un consommateur lambda, ce qui le rangeait dans la catégorie des dealers, bien que l'on ne l'ait jamais vu dealer sur la voie publique. Mais Giacomo Petri était malin et avait su infiltrer la haute société pour distribuer sa marchandise en privé, ce qui expliquait certainement sa présence chez Thomas Delcourt.

Corval et Marchery se décidèrent à entrer.

— Restez assis ! ironisa Corval en voyant que le jeune homme ne se levait pas. Vous voulez un verre d'eau ?

Il reçut un haussement d'épaules pour toute réponse. Le bougre avait manifestement l'expérience des auditions.

— Vous vous appelez bien Giacomo Petri ?

— Je crois que vous le savez, non ? Si vous êtes venus jusque chez moi, ce n'est pas par hasard.

— Effectivement, mais j'ai besoin de l'entendre de votre bouche.

— Bah ouais, c'est moi, Giacomo Petri. Qu'est-ce que vous me voulez ?

— Vous pouvez peut-être nous aider, dit malicieusement Corval.

Giacomo Petri laissa échapper un rire moqueur pour ce qui lui semblait être une plaisanterie. Comment, lui, aider les flics ?

— Ne riez pas, vous pourriez le regretter.

Le rire fit place à un regard de défiance.

— Connaissez-vous Thomas Delcourt ?

Moue dubitative.

— Thomas Delcourt ! Des soirées dans le Marais le samedi soir ! précisa Marchery d'un ton ferme.

— Ah ouais, effectivement. Mais je ne le connais pas trop.

— Pourtant vous êtes invité à ses soirées ! enchaîna le lieutenant.

— Ouais, enfin, je viens surtout avec des potes à lui. C'est pour parler musique que vous m'avez fait venir ?

— Pas vraiment, reprit Corval d'un ton plus calme. Plutôt pour nous parler de cette jeune fille, dit-il en lui glissant la photo d'Aurélie Darmon sous le nez. Vous la connaissez ?

— Giacomo Petri jeta un œil vite fait et fit non de la tête.

— Regardez bien, vous avez dû la voir, une si jolie fille.

— Vous savez, des meufs il y en a pas mal.

— D'accord, mais celle-là plus particulièrement, insista-t-il en lui remontrant la photo, faites un effort !

Cette fois, il regarda plus attentivement et resta sur sa position.

— Non, je ne vois pas. Qu'est-ce que vous lui voulez à cette meuf ?

— Nous, rien. On cherche plutôt à savoir qui lui en voulait.

— De quoi parlez-vous ?

— De son meurtre ! lâcha brutalement Corval.

Cette fois, Giacomo Petri perdit de sa superbe.

— Ben merde alors ! Mais qu'est-ce que j'ai à voir avec cette histoire ? Je ne la connais pas moi, cette meuf !

— Ne nous prenez pas pour des imbéciles. Elle venait aux soirées organisées chez Thomas Delcourt, ne nous dites pas que vous ne l'avez jamais vue !

— Bah non, j'en suis sûr ! répondit-il fermement. Elle est peut-être venue quand je n'étais pas là. Je vous jure que je ne la connais pas.

Il était difficile de prouver le contraire. Édouard Delcourt avait lui-même déclaré qu'elle n'était venue que deux ou trois fois au début de leur relation et rien ne prouvait que Giacomo Petri fût présent ces soirs-là. D'ailleurs, Aurélie Darmon n'apparaissait que sur une seule des photos prises lors des soirées et on n'apercevait pas le jeune dealer dessus. Mais cela ne prouvait rien. En fait, ce qui lui valait la primauté de sa présence au commissariat tenait au rapport qu'il y avait entre son profil et les comprimés retrouvés chez la victime.

— Donc vous ne pouvez rien nous dire sur cette jeune fille ?

— Non, je vous dis, je ne la connais pas !

Corval était dubitatif.

— Vous venez à ces soirées pour la musique ou pour autre chose ?

— Que voulez-vous dire ?

— On ne peut pas dire que vous êtes du même monde que Thomas Delcourt et ses amis. Alors, quelle est la raison de votre présence ?

Le regard du jeune homme se fit plus sévère.

— Je viens pour m'amuser et m'éclater avec des potes, c'est tout ! C'est un crime ?

— La musique non, mais ça… enchaîna Corval en sortant le sachet de comprimés roses.

Le visage de Giacomo Petri prit de la couleur sous la colère naissante.

— Ah non, vous n'allez pas me foutre ça sur le dos ! J'ai arrêté ces conneries. Je ne prends plus rien. Et quel rapport avec le meurtre de cette meuf, d'abord ?

— Le rapport, c'est que nous avons retrouvé ces comprimés chez elle et vu votre parcours, on s'interroge.

— Ah ouais ! ne put-il s'empêcher de rétorquer en rigolant. Alors, pourquoi m'interroger, moi, si vous vous interrogez, vous ?

Le bougre avait de la répartie.

— Écoutez, répondez à nos questions plutôt que de faire de l'esprit.

— Vous ne m'accusez quand même pas de meurtre ?

— Nous n'accusons personne. Nous essayons de comprendre. Nous savons que ces comprimés circulent lors des soirées auxquelles vous participez et nous en retrouvons chez la victime, reconnaissez que c'est troublant. Que pouvez-vous nous dire à ce sujet ?

— Moi ? Mais rien ! Je me suis rangé, je vous dis ! J'en ai vu circuler bien sûr, des mecs viennent avec, mais je ne sais pas où ils s'approvisionnent, vous n'avez qu'à leur demander.

— Que pouvez-vous nous dire sur ces types ?

— Rien. J'en ai rencontré deux ou trois dans des soirées, c'est comme ça qu'ils m'ont invité chez Delcourt. Mais je ne les connais pas vraiment.

Le gamin avait de l'aplomb et sa défense était solide. Ce n'était pas par lui qu'ils en apprendraient sur les invités du samedi soir. Seule l'audition des participants leur fournirait des informations. Non, la présence de Petri à ces soirées ne s'expliquait que par la drogue, et même si c'était bien lui le fournisseur, il y avait peu de chances que quelqu'un le dénonce. De plus, rien ne prouvait que c'était lui qui avait fourni les comprimés à Aurélie Darmon. Après tout, Édouard Delcourt avait peut-être fait ce cadeau empoisonné à sa petite amie pour se montrer important. Non, il valait mieux laisser l'affaire de drogue aux Stups. Il restait quand même à vérifier son emploi du temps pour le jour du meurtre.

— Vous pouvez nous dire où vous étiez le vendredi 15 janvier entre midi et 13 heures ?

— Quoi ? Vous rigolez !

— On a l'air de rigoler ? tonna Marchery. Répondez !

— Je sais plus, moi. Ça va bientôt faire une semaine.

— Essayez quand même de vous souvenir, dit Corval. Je vous rappelle que nous enquêtons sur un homicide.

Silence pesant.

— Alors ? Ça ne fait que cinq jours, ce n'est pas si loin !

Giacomo Petri se mura dans son silence.

— Bon, sans réponse de votre part, nous allons devoir vous mettre au chaud, le temps d'obtenir une commission rogatoire nous permettant de perquisitionner votre domicile.

— Je n'ai rien fait ! s'emporta le jeune dealer. Je vous dis que je ne connais pas cette meuf. Pourquoi je l'aurais tuée ?

— Vous ne la connaissez pas, c'est vous qui le dites ! répondit sèchement Marchery. Quant aux raisons, ce n'est pas ce qui manque. Drogue ; vol ; tentative de viol…

Marchery énonçait les mobiles qui lui passaient par la tête pour impressionner Giacomo Petri. Le jeune dealer ne connaissait pas les détails de l'affaire, il fallait en profiter. Il jouait sur le fait qu'il ait peur que la drogue le fasse tomber, cela pouvait le faire fléchir.

— Alors ? redemanda Corval, qui le voyait mollir.

— Bah… J'étais chez Francis, finit-il par lâcher du bout des lèvres.

— Francis… Francis Letellier, du café des Quatre As ?

— Ouais, vous pouvez vérifier.

Corval et Marchery échangèrent un regard. Le café des Quatre As était connu du milieu et n'avait pas bonne presse. D'autant que Francis Letellier était le demi-frère de Roger Mercer, dit « le muet », incarcéré à la prison de Fresnes pour recel. À l'époque, Francis avait été soupçonné de complicité, mais écarté des poursuites faute de preuves suffisantes. Malgré tout, un doute subsistait et il était surveillé de près. Cela se savait et il n'était donc pas étonnant que Giacomo Petri hésite à dire où il se trouvait au moment du meurtre.

— On parle bien de vendredi dernier entre midi et 13 heures ? insista Corval.

— Ouais, j'ai donné un coup de main toute la semaine.

— C'est ça, ironisa Marchery, on va vérifier.

À ce stade, rien n'indiquait que Giacomo Petri avait des informations sur le meurtre d'Aurélie Darmon et encore moins sur son implication. Bien sûr, celui-ci collectionnait nombre d'infractions à la loi, mais à y regarder de plus près, ce n'étaient pas des charges lourdes. Quel ado n'a pas dérangé ses voisins lors de soirées trop arrosées et trop bruyantes ? Quant aux menaces et aux injures, c'était souvent de la bravade, et les tags sur des murs plutôt un signe d'expression rebelle qu'une véritable attaque à la république. Et pour la drogue, on ne l'avait jamais pris la main dans le sac. Non, il avait la carrure étroite d'un jeune délinquant pouvant servir de petite main à des trafiquants du calibre de Francis Letellier, mais pas l'étoffe d'un tueur. Il paraissait de moins en moins suspect. On le voyait mal séduire des jeunes femmes mûres, intelligentes et sérieuses. Et puis Tournefeuille était si loin…

Néanmoins, le chemin du crime est parfois plus tortueux qu'il n'y paraît. Aussi, ils devaient vérifier son alibi.

23

La lune se faisait sauvage au cœur des nuages de la nuit naissante et, de sa pâle lueur, elle projetait sur les murs de la ville les ombres des passants. Le vent était tombé et le fond de l'air s'était légèrement radouci, comme si Sébastien avait ramené avec lui un peu de chaleur de son voyage d'affaires en Israël. Il n'était parti que trois jours, mais la séparation lui avait paru une éternité. Bien sûr, le travail commandait, mais il s'en voulait d'avoir laissé seule Natalia à peine un mois après son arrivée en France. Pour se faire pardonner, il avait décidé de l'emmener dîner au « Palais Gourmand ».

Le restaurant se cachait au cœur d'une rue étroite. Il entra le premier et tint la porte à Natalia. L'éclat des lumières, les nappes d'un blanc immaculé et les tableaux d'art moderne accrochés sur des murs pastel essayaient de faire oublier la grisaille de l'hiver. L'atmosphère était moins chaleureuse, moins intime qu'au café Pouchkine, mais la cuisine était réputée et le nom de l'établissement mérité. Un maître d'hôtel les accueillit avec un sourire digne d'une pub pour une marque de dentifrice.

— Madame, monsieur, si vous voulez bien me suivre.

L'homme les conduisit à une table discrète située au fond de la salle et que Sébastien avait judicieusement réservée. De cet endroit, la lumière était plus douce et le murmure des conversations flottait dans l'air comme une brise légère. Natalia s'assit, resplendissante, impatiente. Impatiente de lui annoncer. Elle avait pensé que ce serait le meilleur moment après cette brève séparation. Elle avait ressenti l'absence de Sébastien, mais celle-ci avait été adoucie par l'amitié naissante avec Jade. L'exposition à l'Institut du Monde Arabe et la séance photo au studio Cristal avaient été d'agréables moments d'évasion et de partage. Elle n'aurait pu souhaiter un meilleur accueil, une meilleure intégration. Paris lui ouvrait les bras et elle se sentait prête à découvrir ses moindres secrets. Un sentiment de liberté la submergeait. Elle était heureuse. D'autant que sa nouvelle vie professionnelle s'annonçait passionnante. Certes, Maxime Audebert était imprévisible, lunatique et brouillon, mais il lui faisait entièrement confiance et les dossiers qu'il lui avait confiés étaient importants, complexes, délicats, surtout celui de Solicam. L'activité prenante était facilitée grâce à la complicité qu'elle avait développée avec Delphine. Même Duschnock avait fini par lui faire bonne figure, c'est tout dire. Elle réalisa subitement que Moscou ne lui manquait pas. Voilà déjà une semaine qu'elle n'avait pas appelé sa meilleure amie Svetlana avec qui elle avait l'habitude de chiner quelques pièces rares au marché d'Izmaïlovo, dans la banlieue de la capitale.

Sébastien souriait et la fixait avec un brin de curiosité dans les yeux. Elle se demanda s'il n'avait pas deviné ce qu'elle savait depuis quelques semaines maintenant. Elle s'apprêtait à le lui dire quand une serveuse s'approcha pour leur donner la carte et la coupa dans son élan.

La jeune fille à peine partie, Sébastien demanda :

— Alors, tu ne t'es pas trop ennuyée pendant mon absence ?

— Non, mais tu m'as manqué.

— Moi aussi tu sais. Les journées ont passé à une vitesse folle, mais les soirées m'ont paru longues et tu connais mon aversion pour les dîners d'affaires. Mais bon, j'ai réussi à surmonter l'épreuve.

Natalia allait se lancer quand le maître d'hôtel s'approcha à son tour.

— Vous êtes bien installés ?

— C'est parfait, merci, répondit Sébastien.

— Sachez qu'en plus de la carte, le chef propose ce soir un *Ris de Veau à l'Ancienne aux Morilles*. Mais je vous en prie, prenez votre temps pour choisir.

— Merci.

Le maître d'hôtel s'éclipsa avec le même sourire étincelant.

— Alors, comment as-tu occupé ton temps ? reprit Sébastien.

— Eh bien… j'ai beaucoup sympathisé avec Jade. Tu sais la jeune mannequin que nous a présentée Nicolas Petrov, le photographe qui était présent à la soirée d'inauguration de nos nouveaux locaux.

— Oui, je me souviens.

— Une jeune fille sensible, cultivée et attachante. Je crois que nous avons bien accroché.

— Tant mieux. J'en suis ravi. Et vous êtes allées à cette exposition ?

— Oui, c'était magnifique. Je crois que tu aurais adoré. Après, on s'est baladées un peu sur les quais de la Seine. On a poussé jusqu'à Notre-Dame, vraiment quel triste spectacle.

Sébastien fit une moue compréhensive. Il n'allait pas à la messe, mais aimait visiter les cathédrales. Il admirait le génie de leurs concepteurs et la maîtrise des compagnons ayant réalisé ces chefs-d'œuvre. La beauté des vitraux, des peintures, le travail du bois, de la pierre, la finesse des sculptures, la force fragile des grandes orgues. Il se souvenait d'un concert à l'église Saint-Sulpice où la puissance envoûtante d'un final grandiose l'avait littéralement transporté. Il s'était demandé avec humour comment le chérubin blotti près du chœur ne s'était pas envolé.

— Tu as raison, quelle tristesse ! Heureusement que nous avons des entreprises et des compagnons capables d'assurer la reconstruction. Mais cela risque de prendre du temps.

La serveuse attendait qu'il ait fini sa phrase et s'approcha timidement.

— Vous avez fait votre choix ?

— Heu… non, pas encore, désolé.

— Ce n'est pas grave, prenez votre temps. Vous désirez peut-être boire quelque chose en attendant ?

— Oui, pourquoi pas. Une coupe de champagne ? suggéra Sébastien.

— Non, merci. Pas ce soir. Je prendrai plutôt de l'eau.

— Plate ou gazeuse ? demanda la jeune fille.

— Plate s'il vous plaît.

— Et pour vous monsieur ?

— Eh bien… je vais prendre également de l'eau.

— Très bien.

La serveuse à peine partie, Sébastien s'étonna du choix de Natalia. Il savait qu'elle buvait peu, mais il était surpris qu'elle refuse une coupe de champagne.

— Tout va bien ma chérie, tu n'es pas malade ?

Natalia sourit pour masquer son émotion et répondit d'une voix légèrement voilée :

— Mais oui, mon chéri, tout va bien. Simplement…

— Oui… ?

— Simplement… je suis enceinte.

24

Marchery et Genevois arrivaient au café des Quatre As pour vérifier l'alibi de Giacomo Petri, même si, maintenant, la culpabilité du jeune dealer leur semblait peu probable. Mais ils ne devaient rien négliger.

Le débriefing du matin avait été animé. Ce qui rendait la réflexion complexe tenait au meurtre de Tournefeuille qui semait le doute sur les hypothèses avancées pour l'homicide de la rue Pestalozzi. À commencer par ce mystérieux projet dont leur avait parlé Isabelle Tellier. Était-il réellement au cœur de l'affaire Aurélie Darmon ? En effet, il n'en était pas question dans le meurtre de Julie Lenoir. Linda était formelle sur ce point. Dans leur enquête, il n'avait jamais été fait allusion à un quelconque projet pouvant avoir fait tourner la tête à la jeune assistante en communication. Mais ce n'était pas forcément contradictoire. En effet, on ne savait pas de quelle manière le meurtrier abordait ses victimes. De quel stratagème il usait. Cela dépendait sans doute des circonstances et de la personnalité de ses proies. Et puis il y avait un point capital qui ne permettait pas d'écarter cette hypothèse. Le meurtrier était venu fouiller l'appartement d'Aurélie Darmon. Il devait bien y avoir une raison. Ce n'était certainement pas pour récupérer deux malheureux sachets de drogue, mais plus sûrement la clé USB et les dossiers qu'elle contenait. Que pouvaient-ils cacher ? Nul doute qu'ils avaient leur importance. Ensuite, un autre point portait à réflexion. La drogue, justement. Était-ce plausible ? Le doute était permis, car les analyses toxicologiques pratiquées sur les deux victimes avaient confirmé qu'elles n'étaient pas sous l'emprise de stupéfiants. D'après leur mode de vie, il était peu probable qu'elles aient côtoyé ce milieu. Même occasionnellement. Non, les comprimés retrouvés chez la jeune étudiante les avaient sans doute orientés trop rapidement sur cette piste. Il est vrai que le mobile était séduisant et que la présence de Giacomo Petri dans l'entourage des frères Delcourt, par ses activités, ses relations, alimentait cette hypothèse. Mais son profil ne collait pas avec celui du meurtrier. Et puis, comme le soulignait Corval, son trafic était centralisé à Paris et il était peu probable qu'il n'ait jamais mis les pieds à Tournefeuille. Alors comment aurait-il pu commettre le meurtre de Julie Lenoir ? Non, ce scénario semblait vraiment plus fragile que le mystérieux projet. Mais si ce projet était bien la raison du meurtre de l'étudiante, qui en était à l'origine ? Une personne qu'Aurélie Darmon aurait rencontrée lors d'une soirée chez Thomas Delcourt ? Isabelle Tellier aurait-elle vu juste ? Il devenait urgent d'interroger les invités de la liste que celui-ci leur avait fournie, et cela tombait bien, car Nadine en avait déjà convoqué quelques-uns pour le jour même. Parmi eux, on trouverait peut-être quelqu'un qui connaissait à la fois Aurélie Darmon et Julie Lenoir ou bien voyageait fréquemment entre Paris et Toulouse, faisant ainsi le lien entre les deux victimes. Enfin, il y avait le cas Sirczevierevski. Le plus sérieux. Les soupçons contre lui s'accumulaient. À commencer par son alibi bancal. Et puis le fait qu'il avait menti en affirmant qu'il ne connaissait pas Aurélie Darmon en dehors des leçons de conduite. Sans oublier qu'il était chauve et pouvait correspondre à l'homme que la voisine avait vu discuter avec la victime quelques jours avant sa mort. Mais les avis étaient partagés quant au mobile. L'hypothèse développée par Marchery, basée sur une tentative de séduction qui aurait mal tourné, était certes possible, mais ne faisait pas l'unanimité. Et comme le mystérieux projet restait quand même l'hypothèse la plus sérieuse, on ne voyait pas ce qu'il aurait pu faire miroiter à la jeune étudiante. Et surtout, un point clochait. Il travaillait à Paris et non pas du côté de Toulouse. Marchery et Genevois étaient partis avec ces réflexions en tête.

Le café des Quatre As se trouvait dans le 18e arrondissement, non loin du boulevard Ney. La salle, peu éclairée, était tout en longueur. Des clients discutaient au bar devant un verre de blanc ou un apéritif anisé, bien qu'il ne soit que onze heures du matin. La clientèle devait se méfier des nouveaux visages ou avoir du nez, car tout le monde s'arrêta de parler quand Marchery et Genevois firent leur entrée. Derrière son bar, Francis Letellier salua les deux flics d'un signe de tête et tout le monde se remit à parler.

— Messieurs, vous désirez ? demanda le patron en voyant les deux hommes s'accouder au bar.

— Nous désirons vous poser quelques questions, répondit Marchery en montrant sa carte.

Letellier ne put s'empêcher de sourire.

— Volontiers. Mais je vous préviens, je ne suis pas sûr de connaître toutes les réponses, je ne suis pas allé beaucoup à l'école.

— Ça devrait être dans vos cordes, dit Marchery. On voudrait vous parler de Giacomo Petri.

— De qui ?

— Giacomo Petri. Ne faites pas celui qui ne le connaît pas, il nous a affirmé avoir travaillé chez vous vendredi dernier.

— Vendredi ?

— Oui, vendredi, répéta Marchery, légèrement irrité.

— C'est possible.

— Essayez de vous souvenir, c'est important, surtout pour lui !

— Certainement, s'il le dit. Je ne me rappelle pas. Je sais qu'il est venu quelques fois la semaine dernière pour donner un coup de main.

— Quel genre de coup de main ? ironisa Genevois.

— Bah… ça dépend ce dont j'ai besoin.

Les deux flics se retinrent de rire. Ils ne doutaient pas que Letellier ait besoin d'une petite main pour exécuter des extras plutôt… particuliers.

— Donc vous ne pouvez pas nous assurer qu'il était chez vous vendredi dernier vers midi ? insista Marchery.

— Moi non, mais demandez plutôt à Antoine, ils ont travaillé ensemble.

— Qui est Antoine ?

— C'est mon commis. Il fait la salle et gère la réserve.

— Et où est-il ?

— Dans la réserve, répondit-il, agacé, en montrant du bras le fond de la salle.

Marchery et Genevois ne prirent pas la peine de remercier et se dirigèrent vers le fond du café avant d'entendre Letellier leur crier :

« Non pas celle-là, la porte à gauche ! »

Antoine fumait un joint assis sur un tabouret. Il se leva d'un bond à l'entrée des deux hommes et jeta immédiatement à terre le mégot incandescent qu'il écrasa d'un mouvement de pied aussi rageur que dépité. L'odeur caractéristique emplissait la pièce, mais ni Marchery ni Genevois ne firent allusion à cet incident. Ils n'étaient pas venus pour ça.

— C'est vous Antoine ?

Le jeune homme n'était guère plus âgé que Giacomo Petri. Il fit oui de la tête.

— Vous travaillez ici ?

— Oui, répondit-il, gêné par la situation dans laquelle les deux hommes l'avaient surpris.

— Vous connaissez Giacomo Petri ?

— Heu… oui.

— D'après nos informations, il est venu travailler ici la semaine dernière. Vous pouvez nous dire s'il était là vendredi ?

— Vendredi ? Ah ça oui ! Je me rappelle, ça a été galère. On a reçu deux grosses livraisons. Heureusement qu'il était là pour me filer un coup de main.

— Elles ont eu lieu à quelle heure ces livraisons ?

— Dans la matinée.

— Oui, mais plus précisément ?

— Je sais plus moi ! Vers dix heures, onze heures.

« Décidément, se dit Marchery, ça doit être une habitude dans la restauration de ne pas faire gaffe aux horaires. »

— Cela a duré longtemps ?

— Bah ouais, quand même.

Marchery apprécia la précision de la réponse pour la souplesse qu'elle accordait à son interprétation.

— Vous vous souvenez à quelle heure vous avez terminé de ranger ?

Le garçon haussa les épaules.

— Non, je n'ai pas fait gaffe. Ça nous a pris pas mal de temps. Il a fallu ranger tout ça, ajouta-t-il en montrant les fûts de bière, les cartons et les étagères croulant sous les produits. Il devait être l'heure d'aller bouffer.

— Donc vers midi, midi et demi ? s'énerva Marchery qui désespérait d'avoir un horaire, même approximatif.

— Ouais, sans doute.

— Petri a déjeuné avec vous ?

— Non, il devait partir.

— Il vous a dit où ?

— Non. Je sais simplement qu'il devait passer à la pharmacie acheter un truc contre la migraine. C'est tout.

— Vous savez quelle pharmacie ?

— Ouais, celle d'en face !

Le témoignage de ce garçon imbibé de vapeurs de cannabis n'était pas très précis, mais il semblait peu probable qu'il l'ait inventé de toutes pièces. Giacomo Petri était manifestement bien aux Quatre As ce jour-là, mais la plage horaire de sa présence restait floue. Ceci dit, le café était loin de la rue Pestalozzi et s'il avait quitté les lieux vers midi ou midi et demi il semblait difficile qu'il ait eu le temps de se rendre sur les lieux du crime pour étrangler Aurélie Darmon. Mais rien n'était moins sûr, car sans certitude de l'heure à laquelle il avait quitté le café, son alibi restait flou. Il y avait quand même une chance qu'il soit passé à la pharmacie comme le prétendait Antoine. Cela ne coûtait rien d'aller vérifier, le pharmacien serait peut-être en mesure de confirmer les dires du commis et, surtout, de préciser l'horaire.

Lunettes en écailles, nez aquilin, collier taillé au cordeau, le pharmacien les accueillit avec l'air supérieur de ceux qui accordent la plus haute importance à leur fonction, ce qui déplut fortement à Marchery.

— Messieurs !

— Police judiciaire ! dit sèchement Marchery en montrant sa carte. Nous avons une question.

Le pharmacien se fit tout à coup moins prétentieux.

— Vous souviendriez-vous si cet homme est venu chez vous vendredi dernier, aux alentours de midi ? enchaîna Marchery en lui montrant la photo de Giacomo Petri sur son téléphone.

D'un geste machinal, l'homme remonta ses lunettes et regarda attentivement la photo en fronçant les sourcils.

— Non, je ne me souviens pas.

— Vous êtes sûr ?

— Je ne sais plus, moi. Vous savez, nous voyons pas mal de monde. Pourquoi ?

— Une personne nous a dit qu'il serait venu chez vous, environ à cette heure-là.

— C'est possible. Pourquoi, c'est important ?

— Assez, oui.

— Dans ce cas, le mieux c'est que je vous montre les images de la caméra de surveillance. On sera tout de suite fixés.

— Vous avez une caméra de surveillance ?

— Bah oui ! Avec tout ce qui se passe actuellement, il faut bien prendre ses précautions.

— Effectivement, je vous comprends. On peut voir les images de vendredi dernier ?

— Oui, bien sûr. Suivez-moi.

Dix minutes plus tard, Marchery et Genevois avaient la confirmation de l'alibi de Giacomo Petri. Il apparaissait sur les images. Il entrait dans la pharmacie à 12 h 17 et en ressortait à 12 h 21. Il lui était donc impossible de se trouver rue Pestalozzi au moment du meurtre.

25

Corval interrogeait un des invités de la liste de Thomas Delcourt quand Nadine entrouvrit la porte de la salle d'audition et lui fit signe discrètement de sortir. Il se leva et laissa Linda continuer sans lui.

— Oui Nadine, qu'y a-t-il ?

— Vous n'allez pas me croire. Sirczevierevski… il vient de Toulouse !

— Non… vous êtes sûre ?

— Oui. En faisant les recherches que vous m'avez demandées, j'ai trouvé son nom dans le fichier SIA[1]. Il a un permis de chasse et est inscrit depuis 2002. C'est comme ça que je suis tombée sur une adresse à Toulouse qu'il a fournie lors de la création de son compte. Et tenez-vous bien, en poussant un peu plus loin mes investigations, j'ai découvert qu'il n'est arrivé à Paris qu'il y a seulement quatre mois.

L'information était capitale, car les soupçons qui pesaient sur le moniteur d'auto-école se heurtaient jusqu'à présent sur le fait qu'il travaillait à Paris et qu'il ne pouvait pas avoir commis le meurtre de Tournefeuille. Évidemment, s'il se trouvait sur place au moment où Julie Lenoir avait été tuée, cela changeait fondamentalement les choses.

[1]Système d'information sur les armes.

— Merde alors ! Vous me le convoquez immédiatement. Je me fous de savoir s'il a des leçons à donner. Dites bien que s'il rechigne, nous irons le chercher.

Nadine approuva de la tête. Elle n'avait jamais vu son chef aussi énervé.

— Je finis l'audition en cours. Prévenez Marchery et Genevois qu'ils me rejoignent dans mon bureau dès qu'ils auront fini la leur pour que l'on fasse un point.

— Très bien !

— Merci Nadine, c'est du bon boulot.

L'enquête prenait un virage intéressant et l'espoir d'une résolution remontait comme la flèche d'un baromètre sur la position « beau temps ». Linda avait immédiatement contacté son chef au SRPJ de Colomiers afin qu'il lance des recherches sur le moniteur d'auto-école. Sur sa vie, sa famille, son travail, ses amis, ses connaissances, ses loisirs. Cette nouvelle information relançait l'affaire de Tournefeuille, bien qu'il n'ait jamais été question de cours de conduite dans l'enquête sur Julie Lenoir. Mais cela ne voulait rien dire. On ne savait pas de quelle façon le tueur abordait ses victimes, comment il les choisissait et pour quelle raison il les tuait. Marchery penchait pour un pervers déséquilibré, car les filles étaient jeunes et jolies, parce qu'il réussissait à s'inviter chez elles, que cela tournait mal, mais qu'il ne les violait pas. Corval, lui, n'était pas convaincu en raison du mystérieux projet et de la clé USB. Ils étaient en pleine réflexion quand Nadine passa la tête à la porte du bureau.

— Monsieur Sirczevierevski vient d'arriver. Je l'ai conduit dans la salle d'audition.

— Merci Nadine.

Sirczevierevski se leva d'un bond en voyant Linda, Marchery et Corval faire irruption dans la pièce. L'inquiétude l'envahit aussitôt devant la force de police déployée.

— Restez assis, dit Corval en prenant place en face du moniteur d'auto-école.

L'homme se rassit, soucieux. Yeux cernés, teint blafard, il semblait plus vieux que lors de la première audition.

— Vous pouvez m'expliquer ? demanda-t-il, visiblement troublé.

— Nous devons éclaircir certains points, répondit Corval.

— Je vous écoute.

— D'après nos informations, vous êtes arrivé à Paris il y a quatre mois, mais avant vous habitiez Toulouse, n'est-ce pas ?

— … Oui.

— Quelle a été la raison de ce changement ?

— Ma femme a été mutée, je l'ai suivie.

— Que fait votre femme ?

— Elle est prof de français dans un collège.

Corval fit un rapide calcul et s'étonna.

— Elle a été mutée en octobre ? En cours d'année ?

— Ah non, à la rentrée bien sûr, début septembre.

— Et pourquoi vous, vous n'êtes arrivé qu'en octobre ?

— Bah, il a fallu que je trouve un poste. C'est grâce à une connaissance que j'ai été embauché à l'auto-école du boulevard. Mais pourquoi toutes ces questions ?

— Vous allez comprendre, enchaîna Linda. Connaissez-vous la société Audebert Occitanie ?

Sirczevierevski resta un court instant perplexe, ne comprenant pas la raison d'une telle question.

— Heu… oui, vaguement. J'en ai entendu parler. Pourquoi ?

— Le nom de Julie Lenoir vous dit quelque chose ? continua-t-elle.

Le moniteur fronça les sourcils, ne comprenant toujours pas.

— Non ! Pourquoi, ça devrait ?

— Peut-être qu'en cherchant bien, ça pourrait vous revenir ?

— Écoutez, je ne sais pas ce que vous cherchez, mais je ne connais pas de Julie Lenoir.

— Et Tournefeuille, ça ne vous évoque rien ?

Cette fois, Sirczevierevski se cabra.

— C'est quoi toutes ces questions ? Écoutez, je ne suis pas venu ici pour jouer à Trivial Pursuit. Si vous me disiez directement ce que vous me voulez.

L'enchaînement des questions ne semblait pas le déstabiliser.

— Ce n'est pas un jeu monsieur. Il s'agit d'une enquête pour meurtre, rétorqua Corval.

À ces mots, Sirczevierevski s'apaisa.

— Ah c'est ça ! Mais je vous ai déjà répondu. Je vous répète que je n'ai jamais rencontré Aurélie Darmon en dehors des leçons de conduite. De plus, je vous ai dit où je me trouvais au moment du meurtre. Alors quel rapport avec Tournefeuille et pourquoi me demandez-vous si je connais cette Julie… Lenoir ?

— Parce que Julie Lenoir a également été tuée ! répliqua Corval.

L'annonce ne fit pas l'effet escompté. Au lieu de se troubler, d'accuser le coup, Sirczevierevski déclara sans sourciller : « Ah non, alors ! C'est quoi encore cette histoire ? Ce n'est pas parce que vous ne pouvez pas m'accuser du meurtre d'Aurélie Darmon qu'il faut m'accuser de celui de cette femme. »

— Justement, au sujet du meurtre d'Aurélie Darmon, intervint Marchery. Vous nous avez dit avoir déjeuné au restaurant Le Régent, le vendredi 15 janvier, mais nous avons un problème. Le serveur nous a bien confirmé votre présence ce jour-là, mais il n'a pas été capable de préciser l'heure de votre arrivée. D'après lui, vous seriez arrivé plutôt vers la fin du premier service, c'est-à-dire vers midi et demi, voire treize heures.

Sirczevierevski fit une moue interrogative.

— Et alors ?

— Eh bien, la rue Pestalozzi est à moins de dix minutes à pied du restaurant. Alors sans connaître l'horaire précis de votre arrivée au Régent, votre alibi ne tient plus.

La remarque venait de faire mouche. Pris au dépourvu, le moniteur d'auto-école calait, ne sachant pas quoi répondre.

— Et ce n'est pas tout, reprit Corval. Vous avez prétendu ne pas connaître Aurélie Darmon en dehors des leçons de conduite. Pourquoi ne pas nous avoir dit qu'elle vous avait été présentée par une de vos connaissances ?

Cette fois, Sirczevierevski marqua le coup.

— Bah… oui, c'est vrai, mais quelle importance ?

— Ça change tout. Ça veut dire que vous la connaissiez !

— Mais non je vous dis. Je vous assure que je ne la connaissais pas avant qu'elle ne s'inscrive. C'est vrai que c'est un ami qui lui a parlé de l'auto-école du boulevard, sachant que j'y travaillais, mais je ne l'ai vue la première fois que lors de sa toute première leçon.

— Je veux bien vous croire, mais reconnaissez quand même que dans cette affaire, de nombreux points ne plaident pas en votre faveur. D'abord, l'homme chauve, que la voisine a vu discuter avec la victime quelques jours avant sa mort, et vous êtes chauve. D'autre part, vous nous dites ne pas connaître Aurélie Darmon en dehors des leçons de conduite, mais elle est venue spécialement dans votre auto-école parce que vous y travaillez, c'est troublant. Et enfin, votre alibi qui n'est pas vraiment confirmé.

— Comment ça, pas confirmé ! Le serveur vous a bien dit que j'étais venu déjeuner ce jour-là, non ? Ce n'est pas parce qu'il n'est pas foutu de dire précisément à quelle heure je suis arrivé qu'il faut remettre ma parole en doute. Encore une fois, je vous répète que je ne suis pour rien dans le meurtre d'Aurélie Darmon. Je vous assure que je ne l'ai rencontrée qu'à l'occasion des leçons de conduite. Je ne suis jamais allé chez elle. Croyez-moi, je ne l'ai pas tuée, comme je n'ai pas tué cette Julie Lenoir, ni personne d'autre d'ailleurs. Je suis un citoyen honnête et respectueux des gens. Je ne suis pas un tueur. Que puis-je dire d'autre ? Que puis-je faire pour vous convaincre ?

La tirade semblait venir du cœur, mais aucun argument sérieux n'étayait ses dires. C'était parole contre parole. À ce stade, et à défaut de preuves prouvant le contraire, il restait suspect, et un suspect sérieux.

— Écoutez, nous voulons bien vous croire, et si vous nous dites la vérité, il y a un bon moyen de prouver votre innocence. Laissez-nous faire un prélèvement salivaire pour analyse ADN et vous serez définitivement mis hors de cause.

Sirczevierevski se détendit subitement.

— Bien sûr, comme vous voulez ! Je suis à votre disposition. Vous verrez bien que je n'ai rien à voir avec ces affaires.

À peine parti, l'équipe se trouva perplexe. Le moniteur d'auto-école n'avait pas été déstabilisé par l'enchaînement des questions. Mieux, il leur avait semblé soulagé de se soumettre au prélèvement salivaire comme preuve de son innocence. Venaient-ils de perdre leur unique suspect ? La flèche du baromètre venait brutalement de redescendre sur la position « variable ».

26

— La bleue ou la beige ?

Sébastien regardait alternativement les robes que Natalia lui présentait.

— La bleue. Je trouve qu'elle souligne merveilleusement la couleur de tes yeux.

— Quelle heure est-il ? demanda-t-elle, en reposant la robe beige.

— Onze heures et demie. Ne t'inquiète pas, nous ne sommes pas en retard.

Depuis que Natalia lui avait annoncé qu'elle était enceinte, il était prévenant, attentif, à l'écoute de ses moindres désirs. Elle avait beau lui dire qu'elle n'était pas malade, qu'elle n'était qu'au tout début du troisième mois, qu'il fallait continuer de vivre comme auparavant, il ne voulait rien savoir. Il avait peur qu'elle ne se fatigue.

— J'ai acheté un livre sur Moscou et ses environs. Il y trouvera tout ce qu'il y a d'intéressant s'il décide de s'y rendre.

— C'est une très bonne idée.

Sébastien la regardait s'habiller en la dévorant des yeux. Il était le plus heureux des hommes. Il se dit qu'il était chanceux.

Ils en avaient souvent discuté à Moscou dans les mois qui avaient suivi la révélation réciproque de leurs sentiments, ils étaient tous les deux désireux de fonder une famille. Ils auraient des enfants. Mais s'il y avait bien une chose dont ils n'avaient pas discuté, c'était la programmation de l'événement. Cela arriverait en son temps se disaient-ils, si mère nature leur était favorable. Et elle l'était. Cela arrivait un peu plus tôt qu'ils ne l'avaient imaginé, voilà tout.

Devant la glace, Natalia se contorsionnait en essayant de remonter une fermeture éclair qui se voulait rebelle au creux de ses reins.

— Tu peux m'aider s'il te plaît, je n'arrive pas à la remonter.

Sébastien adorait quand elle lui demandait cela. Il en profita pour l'enlacer tendrement et l'embrasser dans le cou.

— Il y aura du monde ? demanda-t-il.

— Je ne sais pas.

— Je connais quelqu'un ?

— Jade sera là et certainement Maxime Audebert. Cela m'étonnerait que Nicolas ne l'invite pas pour son anniversaire.

Sébastien n'avait pas vraiment accroché avec Maxime Audebert. Il le trouvait superficiel et limite alcoolique, tout le contraire de son frère pour lequel il avait de l'admiration. Ce n'était pas sa seule présence qui l'aurait incité à accepter l'invitation de Nicolas Petrov, mais il savait que Natalia était heureuse de voir Jade et il attachait de l'importance à l'amitié qui se nouait entre les deux jeunes femmes. Natalia ne connaissait pas encore beaucoup de monde à Paris et il lui semblait important qu'elle ait une amie avec laquelle elle puisse discuter, se confier et sortir quand il n'était pas là, ce qui était d'ailleurs le cas en fin de semaine où il devait s'absenter pour affaires.

Natalia pivota devant la glace.

— Alors, qu'en penses-tu ?

— Tu es ravissante.

— Je suis presque prête, dit-elle en s'asseyant pour mettre ses bijoux.

Il aurait bien aimé passer le dimanche seul avec elle, en amoureux, et en la regardant penchée devant le miroir accrocher ses boucles d'oreilles, il sentait le désir l'envahir.

Natalia termina par un voile de rouge à lèvres, se leva et dit, rayonnante :

— Et voilà, je suis prêtre, on peut y aller !

Le studio Cristal n'était pas bien grand et les invités occupaient tout l'espace. Des petits groupes s'étaient formés et discutaient un verre à la main. Les conversations surfaient sur un fond de musique jazzy diffusée en sourdine. Des rires éclataient de-ci de-là. Natalia ne connaissait personne. Elle se dressa sur la pointe des pieds et aperçut Jade au milieu des convives.

— Jade est là-bas, dit-elle en entraînant Sébastien.

En pleine discussion, Jade ne les vit pas arriver et sursauta lorsque Natalia lui posa la main sur le bras.

— Ah vous voilà ! dit-elle en souriant.

Les deux jeunes femmes s'embrassèrent et Jade fit les présentations.

— Natalia, Sébastien, voici mon amie Estelle, que tu as rencontrée lundi lors de la séance photo, rappela-t-elle à l'attention de Natalia, et Elsa, son amie d'enfance.

Natalia et Sébastien saluèrent poliment.

À peine la présentation terminée, Jade redevint sérieuse.

— Nous discutions de cette épidémie qui se développe en chine. Il paraîtrait que des cas ont été constatés en France. Vous en avez entendu parler ?

— Oui, dit Sébastien. On parle de quatre personnes. Des gens qui viendraient de là-bas. Des cas auraient également été constatés dans d'autres pays. Il faut espérer que cela ne se propage pas dans le monde entier.

— Vous croyez ? s'inquiéta Estelle.

Chacun fit la grimace, n'ayant pas de certitude sur la question, se retranchant derrière des rumeurs disant que ce virus n'était pas aussi grave qu'on le prétendait.

— Alors, Marrakech ? demanda Natalia.

— Super ! Je suis un peu fatiguée, car l'avion s'est posé avec beaucoup de retard hier soir, mais c'était une ambiance formidable. Je te montrerai des photos dès que je les aurai reçues.

— J'y compte bien.

— Vous pouvez déposer vos affaires dans la pièce juste là, dit Jade, voyant Natalia déboutonner son manteau.

— Oui merci, il fait chaud. Tu sais où est Nicolas, nous avons apporté un petit quelque chose ?

— Non, répondit Jade en regardant autour d'elle. Il était là il y a un instant.

— Bon, on va se mettre à l'aise. À tout de suite.

Ils pénétrèrent dans la pièce servant de vestiaire et tombèrent sur Nicolas Petrov et Maxime Audebert qui discutaient à voix basse. Maxime Audebert tendait une enveloppe à son ami. En les voyant arriver, les deux hommes s'arrêtèrent immédiatement de parler et Petrov glissa précipitamment l'enveloppe dans sa poche en essayant de masquer au mieux une certaine gêne. Maxime Audebert se reprit le premier et s'avança vers eux en souriant.

— Ah, vous êtes arrivés !

Sébastien ne laissa rien paraître de la banalité de l'accueil et se contenta de répondre par oui.

— Un petit présent de notre part, dit Natalia en tendant le livre à Nicolas Petrov. Bon anniversaire.

— Merci beaucoup, répondit le photographe qui avait retrouvé ses esprits. Mettez-vous à l'aise et venez prendre un verre avec nous, ajouta-t-il en quittant la pièce avec son ami.

Sébastien se contenta d'un signe de tête accompagné d'un sourire poli en guise de réponse. Il était venu pour faire plaisir à

Natalia et n'était pas très chaud pour discuter avec Maxime Audebert. Les rencontres professionnelles lui suffisaient largement.

Heureusement, dès la sortie du vestiaire, Jade leur fit signe de la rejoindre. Aïwoa et un grand type blond avaient remplacé Estelle et Elsa. Le contraste était saisissant. Il était aussi blanc qu'elle était noire. Visage carré, cheveux hirsutes, épaules larges, il aurait eu tout du viking prêt à en découdre s'il n'avait affiché un sourire franc le rendant immédiatement sympathique.

— Tu connais déjà Aïwoa. Voici Erik, son compagnon. Il travaille dans la publicité et c'est par l'intermédiaire de Nicolas qu'ils se sont rencontrés.

Le grand blond serra énergiquement la main de Sébastien qui surmonta la douleur sans rien laisser paraître. Il avait quand même bien quelque chose du viking.

Il ne fallut pas longtemps pour que les deux hommes s'apprécient. Erik était direct, posé et cultivé, ce qui plut aussitôt à Sébastien. Ils trouvèrent rapidement un sujet de conversation qui les passionnait et, quelques instants plus tard, ils riaient de bon cœur, laissant les femmes à leur conversation.

— Tu connais l'épouse de mon chef ? demanda Natalia en regardant autour d'elle.

— Maxime ? À ma connaissance, il n'est pas marié, répondit Jade.

— Je confirme, dit Aïwoa. Cela m'a toujours étonnée, car il est plutôt bel homme.

— Il préfère peut-être les hommes ? ironisa Jade.

Aïwoa laissa échapper un rire discret.

— Non, je l'ai déjà vu draguer. Assez maladroitement d'ailleurs. Ceci explique peut-être cela. Il doit avoir un côté caché.

— En parlant de côté caché, nous avons assisté à une scène bizarre dans le vestiaire, dit Natalia.

— C’est-à-dire ? s’étonna Jade.

— Nous avons surpris Nicolas et Maxime qui discutaient à voix basse et ils se sont immédiatement arrêtés de parler quand ils nous ont vus.

— Ah bon ? Ils discutaient peut-être de femmes, justement.

— Je ne suis pas sûre, car Maxime lui tendait une enveloppe que Nicolas a mise précipitamment dans sa poche, comme s’il voulait la cacher.

Jade et Aïwoa échangèrent un regard d’incompréhension.

— Tu as bien vu ?

— Bah oui. D’ailleurs, ils avaient l’air gênés.

— C’est bizarre, dit Jade.

— J’ai pensé à de l’argent. Tu te souviens de la conversation que nous avons surprise à la fin de la séance photo ? Il semblait avoir des dettes.

— C’est possible, reconnut Jade. Avec toutes leurs soirées poker, ça doit défiler.

— Tu as raison. Ils doivent s’arranger entre eux.

Elles restèrent sur cette hypothèse en voyant Erik s’approcher d’elles.

— Nous manquons à tous nos devoirs, mesdames. Vous n’avez rien à boire. Voulez-vous que nous vous ramenions un verre ?

Jade et Aïwoa commandèrent une coupe de champagne et Natalia, un verre de jus d’orange, ce qui laissa son amie perplexe.

Sébastien accompagna Erik chercher les boissons. Il était soulagé. Il avait craint de s’ennuyer, mais il avait trouvé quelqu’un de sympathique avec qui discuter. Et puis il avait une bonne excuse pour ne pas se coltiner Maxime Audebert. De son côté, Natalia était bien entourée avec Jade et Aïwoa.

27

Genevois avait un taux de réussite de 87 %, alors que Marchery plafonnait à un petit 24 %. Les statistiques étaient implacables. Pourtant, la corbeille était placée rigoureusement à la même distance de leurs bureaux. Genevois avait mesuré et tracé une croix au sol pour la positionner. Mais le geste souple du brigadier-chef contrastait avec le mouvement tout en force du lieutenant qui voyait régulièrement sa boulette de papier louper l'objectif.

— Tu penches à gauche ! se moqua Genevois.

Marchery haussa les épaules, se concentra, prit sa respiration et lança sa dernière boulette. Celle-ci atterrit mollement… à gauche.

— Merde !

Genevois éclata de rire et nota les scores de la séance.

Ce rituel servait aujourd'hui d'exutoire, car l'enquête s'enlisait et l'équipe était désœuvrée. Après avoir éliminé Giacomo Petri de la liste des suspects, la comparaison de l'ADN de Sirczevierevski avec celui retrouvé sous les ongles d'Aurélie Darmon disculpait maintenant le moniteur d'auto-école. Ils n'avaient plus de suspects et pas l'ombre d'un candidat à l'horizon, car les auditions des amis de Thomas Delcourt n'avaient rien donné. Cela leur avait pris plusieurs jours pour un résultat proche du néant. Sur les vingt-sept personnes interrogées, seules trois se souvenaient vaguement de la jeune étudiante, mais comme par hasard, aucune d'entre elles n'avait discuté avec elle. Il faut dire que Thomas Delcourt avait dû les informer de la raison de la convocation et personne ne devait souhaiter que la police puisse croire qu'ils avaient un rapport avec cette affaire. Nadine avait de nouveau épluché toutes les informations disponibles à leur sujet afin de faire un éventuel rapprochement avec le meurtre de Tournefeuille, mais aucun d'entre eux n'avait de raison de se rendre à Toulouse, que ce soit sur le plan familial ou bien professionnel. Difficile donc de faire le lien avec l'affaire Julie Lenoir, pour laquelle d'ailleurs, chacun avait juré ne pas connaître cette jeune femme. S'ils ne pouvaient les relier aux meurtres, ils en avaient néanmoins profité pour aborder le sujet de la drogue, mais là encore, ils avaient fait chou blanc. Le discours était toujours le même : *Oui, j'en ai déjà vu. Peut-être dans les soirées, c'est possible, mais je ne saurais dire qui en consommait... En tout cas, je vous assure que moi, je suis clean.* Quant à la source d'approvisionnement des fameux comprimés roses, évidemment, personne n'avait désigné Giacomo Petri comme en étant le fournisseur. D'ailleurs, tous juraient ne pas connaître son nom et personne ne reconnaissait l'avoir amené chez Thomas Delcourt. Ce qui était forcément faux, car celui-ci avait avoué être venu avec des potes. Certains le connaissaient obligatoirement. Mais lesquels ? Et puis Thomas Delcourt l'avait mis sur sa liste, mais, évidemment, il ne savait plus qui lui avait donné son nom. Cela avait eu pour effet d'irriter l'équipe au plus haut point. La bande était coriace et ils se couvraient les uns les autres. Si cet aspect du dossier ne pouvait servir à expliquer le meurtre de la jeune étudiante, Corval avait quand même décidé d'informer ses collègues des Stups. Si au moins ce trafic pouvait être démantelé, ce serait déjà ça... Ils étaient au point mort. Même l'audition d'Arthur Cordelier, l'ex-petit ami d'Aurélie

Darmon, s'était révélée sans intérêt pour l'enquête. Le pauvre était venu spécialement de Rennes où il préparait un Bachelor Gestion du Patrimoine. Il était tombé des nues en apprenant la nouvelle et avait paru sincèrement affecté. Sa liaison avec Aurélie Darmon s'était arrêtée après le lycée, chacun partant de son côté. Il l'avait décrite dans les mêmes termes qu'Isabelle Tellier, discrète, réservée et, bien sûr, en dehors de sa passion pour le dessin, il n'était absolument pas au courant d'un quelconque projet pouvant changer sa vie. En stage au moment du meurtre de la jeune fille, il avait été mis hors de cause.

— Tu pars quand ? demanda Marchery.

Linda rangeait machinalement ses affaires. Perdue dans ses pensées, elle mit un moment avant de répondre.

— Sans doute demain. Je vais en parler à Corval dès son retour de chez la juge et il décidera avec mon chef. Je ne vois pas ce que je peux vous apporter maintenant. Fais chier !

Marchery esquissa un sourire de compassion. Il l'aimait bien la petite avec ses réparties bien senties. Le moral de l'équipe était au plus bas. La flèche du baromètre se rapprochait dangereusement de la position « tempête ». D'ailleurs, celle-ci se profilait. L'enquête piétinait. La juge Balmont demandait des comptes. Tout comme le commissaire qui voulait des explications, pris en tenaille entre le substitut du procureur et les articles de presse qui parlaient de l'affaire. Des informations avaient dû fuiter après les nombreuses auditions. Des explications… des explications. À ce stade, ils ne pouvaient pas expliquer grand-chose, si ce n'est qu'ils se trouvaient dans un cul-de-sac. Même les informations recueillies à Paris n'avaient pas permis de donner un éclairage nouveau à l'affaire de Tournefeuille. Petitjean, un collègue de Linda à Colomiers, avait croisé les noms, les lieux, les dates et les professions de tout ce petit monde sans résultats. On n'arrivait pas à faire de lien entre les deux affaires en dehors des traces génétiques identiques relevées sur les deux scènes de crime. Il restait malgré tout un mince espoir avec le mystérieux projet dont leur avait parlé Isabelle Tellier. Bien sûr, cela ne semblait avoir aucun rapport avec le meurtre de Tournefeuille, mais ils étaient convaincus que c'était le point central de l'affaire de la rue Pestalozzi. Ce n'était pas pour des prunes que le meurtrier était revenu sur les lieux du crime pour récupérer la clé USB. Il fallait absolument trouver ce dont il s'agissait. S'ils réussissaient à élucider ce mystère, ils résoudraient les deux meurtres d'un seul coup. Mais comment ? Marchery et Genevois étaient retournés fouiller de fond en comble l'appartement d'Aurélie Darmon pour chercher la fameuse clé, sans succès. Ils avaient réinterrogé Isabelle Tellier en espérant qu'elle se souvienne d'un détail, d'une phrase, d'une situation pouvant les mettre sur une piste, mais elle n'avait pas pu leur en dire plus. Ils avaient interrogé d'autres étudiants sur ce point précis sans plus de résultats. Quant à ses professeurs, ils ne s'occupaient pas de la vie des étudiants et, détail intéressant, aucun n'était chauve.

La lueur du jour faiblissait et une pluie soutenue cinglait les fenêtres.

— Si on se faisait un resto ce soir, proposa Marchery, dont l'appétit était le meilleur médicament contre la morosité. Ça nous changera les idées et puis ce serait sympa avant ton départ.

— Pourquoi pas ? répondit Linda qui en avait marre de ses soirées en solitaire. Depuis son arrivée, elle n'avait pas vraiment été à la fête.

— On pourrait aller aux « Deux Boules », qu'en pensez-vous ?

Mais personne n'eut le temps de répondre, Nadine arrivait à grandes enjambées et interrompit la conversation.

— Le chef n'est pas là ?

— Non, il est chez la juge ! répondit Marchery. Pourquoi ? s'inquiéta-t-il en la voyant dans un état d'excitation inhabituel.

— Prenez la ligne 2, la personne veut parler à un officier de police.

Marchery décrocha.

Allô, oui, lieutenant Marchery, je vous écoute... Pardon ? Comment ça, vous êtes sûr ? Oui, c'est probable... Vous êtes, monsieur ? D'accord, on arrive, où êtes-vous ? OK... Ah, le code... c'est noté... Au premier, d'accord. Restez bien sur place, surtout ne touchez à rien et veillez à ce que personne n'entre dans l'appartement.

— Que se passe-t-il ? demanda Genevois.

— Un type vient de trouver sa voisine morte chez elle.

— Étranglée ?

— Je n'en sais rien. Il était sous le choc et a été seulement capable de dire qu'elle était morte.

Les visages se crispèrent. Le resto serait pour un autre jour.

28

Le jour déclinait et la pluie redoublait. Au travers des vitres ruisselantes de la voiture, les vitrines scintillaient comme des lucioles au cœur de la nuit naissante. Sur les trottoirs, des ombres furtives rasaient les murs sous des parapluies dansant au rythme des pas saccadés de leur propriétaire. Le froid reculait, l'humidité gagnait. La météo perdait encore la boule. La douceur s'invitait au beau milieu de l'hiver.

La visibilité était réduite et rendait la circulation difficile. Marchery empruntait les voies de bus et se faufilait comme il le pouvait entre les voitures. Il dut piler plusieurs fois pour éviter des scooters surgissant de nulle part.

— À droite ! hurla tout à coup Genevois.

Marchery braqua brusquement et s'engagea dans une rue mal éclairée.

Un silence pesant régnait dans la voiture. À cet instant, cette nouvelle affaire occupait totalement leur esprit, reléguant au deuxième plan les meurtres d'Aurélie Darmon et de Julie Lenoir.

— Au bout à gauche et tout de suite à droite !

— T'es sûr ?

— Ouais, c'est plus court. Je connais bien le coin, j'avais une copine par ici.

Marchery ne releva pas, mais se demanda quand même d'où Genevois pouvait bien sortir toutes ces copines.

— Voilà, nous y sommes ! Gare-toi dès que tu pourras, le 27 ne doit pas être loin.

Marchery ne se posa pas de questions et monta sur le trottoir en prenant le premier bateau venu. Ils sortirent précipitamment de la voiture et cherchèrent immédiatement le numéro de l'immeuble devant lequel ils se trouvaient.

— On est au 68 ! annonça Linda en relevant le col de son blouson.

— Ben merde, c'est à l'autre bout ! Heureusement que tu connais le coin, ironisa Marchery en fusillant Genevois du regard.

— Magne-toi au lieu de râler, répondit Genevois en traversant la rue.

Ils arrivèrent dégoulinants devant la porte vitrée d'un immeuble luxueux. Machery composa le code d'accès que lui avait donné l'homme quelques minutes plus tôt.

— C'est au premier ! lança-t-il en entrant dans le hall.

Le voisin de la victime les attendait sur le seuil de sa porte. Ils eurent un choc en le voyant, il était chauve, ce qui les ramena brutalement à l'affaire de la rue Pestalozzi.

Marchery se ressaisit.

— Vous êtes monsieur Lescure ?

— Oui.

— C'est vous qui nous avez appelés ?

— Oui !

— Personne n'est entré dans l'appartement depuis votre appel ?

— Non.

Marchery regarda autour de lui. Il y avait une troisième porte sur le palier.

— Qui habite là ?

— Un couple de retraités. Mais ils ne sont pas là, ils passent tout l'hiver dans leur maison de Nice.

Marchery se tourna vers Genevois.

— Il faut interroger les voisins. Tu peux t'en charger pendant que l'on inspecte les lieux ? Commence par le rez-de-chaussée. Et guette Vidal, je ne sais pas si Nadine lui aura donné le code d'accès.

— OK !

Marchery et Linda s'ébrouèrent, passèrent leurs surchaussures, mirent des gants et pénétrèrent dans l'appartement. L'entrée donnait directement dans une grande pièce servant de salon et de salle à manger. Ils aperçurent immédiatement le corps d'une jeune femme allongée sur le sol à côté d'une table basse.

— Comment avez-vous découvert le corps ? demanda Marchery.

— Je venais lui rendre des capsules de café, elle m'avait dépanné il y a deux semaines, et quand j'ai sonné, j'ai vu que sa porte était entrouverte. J'ai trouvé ça bizarre.

Marchery jeta un œil à la porte. Manifestement, elle n'avait pas été forcée.

— Il était quelle heure ?

— 18 h 30 environ.

— Et vous êtes entré, comme ça ?

— Non. J'ai d'abord jeté un œil par l'entrebâillement de la porte. J'ai vu que son sac à main était sur le meuble de l'entrée. J'en ai déduit qu'elle était là, alors je l'ai appelée.

— Elle ne répondait pas. Ça ne vous est pas venu à l'esprit qu'elle pouvait être sous la douche ou bien occupée ?

— Heu… non, je l'avoue. Mais depuis que nous sommes voisins, c'est la première fois que je voyais sa porte entrouverte.

— Ça arrive de mal fermer sa porte !

— Oui, bien sûr, mais je ne sais pas pourquoi, j'ai eu comme un pressentiment. Alors, j'ai fait un pas dans l'entrée et je l'ai vue, comme ça. J'ai tout de suite compris qu'il s'était passé quelque chose de grave.

— Vous avez touché au corps ?

L'homme eut un frisson d'effroi.

— Ah non alors ! Je me suis juste approché et j'ai bien vu qu'elle était morte.

Linda se pencha sur la victime. C'était une belle jeune femme brune d'environ 25 ans. Élégante, elle portait encore ses bijoux. Sa tête était penchée sur le côté, le menton posé sur son épaule. On aurait pu croire qu'elle dormait si elle n'avait eu les yeux ouverts. La peur se lisait sur son visage. Il n'y avait pas de traces de lutte et elle n'avait pas de marques au cou pouvant laisser penser qu'elle avait été étranglée.

— Comment s'appelle-t-elle ? demanda Linda.

— Estelle Roland.

— Elle vivait seule ?

L'homme fit une moue exprimant l'incertitude.

— Je pense, oui.

— Vous ne savez pas ? s'étonna Marchery.

— Vous savez, je ne la connaissais pas beaucoup.

— Quand même, en tant que voisins vous avez dû faire connaissance. Vous vous rendiez quelques services, comme ces capsules de café par exemple.

— Oui, bien sûr, mais on ne se voyait pas souvent, on se croisait de temps en temps, c'est tout.

— Ah bon, des voisins de palier !

— Bah, ça ne faisait pas longtemps qu'elle avait emménagé. Et puis ça tient à nos métiers. Elle était mannequin et moi je suis pilote de ligne.

— Et alors ?

— Eh bien, ce sont des métiers où l'on a des horaires décalés et où l'on est souvent absent. Nous n'étions pas souvent là au même moment, voilà tout.

— Quand l'avez-vous vue la dernière fois ?

— Bah… il y a quinze jours justement, quand elle m'a dépanné pour le café.

Marchery commençait à se demander si cet homme leur serait utile pour l'enquête.

— Mais lorsqu'il vous arrivait de la croiser, vous discutiez quand même bien un peu, non ? C'était quel genre de fille ? Elle était joyeuse, soucieuse ?

L'homme fit la moue, ne sachant quoi répondre.

— Elle vous a paru inquiète dernièrement ?

— … Non, je n'ai rien remarqué de spécial. Mais vous savez, on se croisait toujours en coup de vent. Elle, pour une séance photo ou un défilé, et moi, pour un vol. Alors…

— Elle recevait des amis ? Vous avez déjà vu ses parents ?

— Des amis oui, mais je n'ai jamais fait attention. Je ne l'espionnais pas. Je l'ai aperçue deux ou trois fois avec une grande jeune femme noire. Quant à ses parents, je ne les ai jamais vus.

— Vous n'avez rien remarqué d'anormal dans son comportement ou ses relations qui pourrait expliquer ce drame ?

— Non. Peut-être que les voisins sauront vous en dire plus.

En tout cas, ils ne devraient pas en dire moins, pensa Marchery.

— Estelle Roland, 26 ans, célibataire, un mètre soixante-dix-huit, brune, yeux verts, annonça Linda qui détaillait la carte d'identité de la jeune femme qu'elle avait trouvée dans son sac à main. J'ai son téléphone, mais il y a un mot de passe.

— Vous savez pour quelle agence elle travaillait ? demanda sans trop d'espoir Marchery.

— Heu… non. Elle me l'a peut-être dit comme ça, dans la conversation, mais je ne me rappelle pas.

— Vous étiez chez vous aujourd'hui ?

— Je suis rentré vers 15 heures. J'étais sur le vol en provenance de Sofia.

— Vous avez entendu quelque chose, du bruit, une porte claquer ou une conversation qui aurait pu dégénérer entre 15 heures et 18 h 30 ?

— … Non.

Décidément, il ne leur était vraiment d'aucune aide.

— Eh bien, ce sera tout pour le moment. Vous passerez au commissariat pour faire votre déposition.

L'homme fit la grimace.

— En attendant, vous pouvez rentrer chez vous. Je vous demande simplement de nous donner votre numéro de téléphone et le numéro de votre vol d'aujourd'hui.

L'homme sortit, manifestement soulagé de quitter cet endroit lugubre.

Marchery se pencha à son tour sur la victime.

— Je me demande comment elle est morte ?

Linda remarqua quelques cheveux accrochés au bord de la table basse.

— On dirait qu'elle a heurté la table. Il y a des cheveux, là.

Marchery examina de plus près l'arrière du crâne de la jeune femme. Il remarqua une plaie peu profonde.

— Tu as raison, regarde !

— Tu crois qu'elle a pu tomber toute seule ?

— En arrière ? Ça me paraît peu probable. Je pencherais plutôt pour une dispute. La conversation dégénère, il y a accrochage, la personne la pousse et sa tête cogne le bord de la table.

— Ce serait un accident ? Mais dans ce cas, pourquoi la personne n'a pas prévenu les secours ?

— Je ne sais pas. La panique peut-être ? répondit Marchery en saisissant son téléphone qui vibrait.

Allô ! Ouais, 27 A 075. Au premier.

Vidal arriva essoufflé. Il avait eu du mal à se garer et avait couru pour s'abriter au plus vite de la pluie.

— Alors, les affaires reprennent ? plaisanta-t-il.

Marchery fit une grimace. Il n'avait pas le cœur à plaisanter. C'était encore une très jeune femme.

— D'après le voisin qui a découvert le corps vers 18 h 30, personne ne l'a touchée. On a remarqué des traces de cheveux sur le bord de la table et une plaie derrière la tête. Il semblerait qu'elle l'ait heurtée en tombant. Sans doute la cause de la mort.

— Hé… D'abord, tu te pousses et tu me laisses faire mon boulot. Ce n'est pas toi qui vas me dire comment elle est morte. Fais plutôt le tour de l'appartement pour voir si tu trouves des indices.

Marchery émit un léger sifflement.

— OK toubib, on te laisse. C'était juste une idée, comme ça.

Vidal ricana. Il n'en voulait pas au lieutenant. Il savait qu'il cherchait à faire de son mieux.

C'était un très beau deux pièces. L'aménagement était récent et la décoration soignée. Une odeur d'encens chatouillait délicatement les narines. Des meubles modernes contrastaient avec une vieille malle en bois et une selle d'âne venue certainement du grand bazar d'Istanbul. Une statuette en bronze représentant un cheval cabré jouxtait un vase Charder sur un meuble bas. Des coussins chatoyants donnaient de la couleur au canapé gris anthracite. Un tapis en soie Hereke complétait cette touche exotique. Des magazines de mode traînaient par-ci par-là. Un bureau meublait un angle de la pièce. Au-dessus, un poster de Charlie Chaplin égayait le coin avec son sourire plein de malice. Marchery s'approcha et un détail l'interpella. Parmi les papiers, quelques revues et un agenda, il y avait une souris d'ordinateur, mais pas d'ordinateur. Il regarda autour de lui, mais ne vit aucun portable. « Regarde si tu trouves l'ordinateur de la victime ! », cria-t-il à Linda qui était partie inspecter la chambre. Il ouvrit l'agenda. Des annotations étaient écrites à la va-vite. Ils y trouveraient certainement des informations. Il ne trouva rien d'intéressant dans les tiroirs du bureau si ce n'est un désordre contrastant avec l'ordre et la propreté qui régnaient dans l'appartement. Il eut l'impression qu'ils avaient été fouillés. Il se dirigeait vers la bibliothèque quand il aperçut Corval avec Genevois sur ses talons.

— Alors ? s'empressa de demander Corval en voyant Vidal penché sur la jeune femme.

— Estelle Roland, célibataire, 26 ans, dit Marchery. C'est son voisin qui a découvert le corps vers 18 h 30 en venant lui ramener du café. La porte était entrouverte, il a trouvé ça bizarre et l'a trouvée comme ça.

— On a une idée de sa mort ?

— Marchery en a une ! ironisa Vidal. Mais si vous me laissez encore un peu de temps, je pourrai sans doute vous donner un peu plus qu'une idée.

— Que faisait-elle dans la vie ?

— Son voisin a tout juste été capable de nous dire qu'elle était mannequin, répondit Marchery. Mais on n'en sait pas plus.

En voyant la jeune femme étendue comme si elle dormait, Corval eut un doute.

— On est sûr que c'est un meurtre ?

— Pour moi, cela paraît évident, répondit Vidal en se relevant. La position du corps montre qu'elle a été poussée. Elle a les doigts crispés et des fibres sous les ongles. Elle a sans doute cherché à se retenir à son agresseur et n'a pas eu le temps de faire le moindre geste pour se protéger de la chute. Elle a bien heurté la table en tombant, précisa-t-il à l'égard de Marchery. La plaie derrière la tête n'est pas profonde, car elle n'a fait que l'effleurer, mais cela a été suffisant pour lui briser la nuque. J'aurai la confirmation à la radio. Elle est morte sur le coup. Et puisque vous ne me l'avez pas encore demandé, je dirais qu'elle est morte entre 11 heures et 14 heures. On se voit demain pour l'autopsie ? Je serai plus précis sur l'heure de la mort et je vous ferai part de mes premières analyses.

— Ouais… Merci, à demain !

Vidal s'éclipsa comme un voleur. Manifestement, il avait autre chose de prévu. Ils l'entendirent à peine dire « Salut » depuis le palier.

— Il n'y a rien d'intéressant dans la chambre, dit Linda en revenant dans le salon. Tout est en ordre. Le lit n'est pas défait. Je ne pense pas que l'agresseur y soit entré. Et je n'ai pas trouvé d'ordinateur. Je vais aller voir dans la cuisine.

— Vous cherchez son ordi ?

— Bah oui. Il reste la souris sur le bureau là-bas, mais pas de portable. C'est bizarre, non ? Je pense que le meurtrier l'a emporté. J'ai regardé dans les tiroirs du bureau, tout est pêle-mêle, comme s'ils avaient été fouillés.

— L'assassin devait chercher quelque chose, suggéra Genevois.

— C'est probable, dit Marchery. En tout cas, ce n'est pas un crime crapuleux. Elle a encore ses bijoux, rien ne semble avoir disparu dans son sac à main, même pas les espèces. On a retrouvé son téléphone et tout est en ordre dans l'appartement. Non, je penche pour une dispute qui aura mal tourné. Il n'y a pas eu effraction, elle devait connaître son agresseur.

— C'est possible, admit Corval. Il faut faire venir la scientifique.

— Je m'en occupe, dit Marchery.

— Vous avez interrogé les voisins ?

— J'ai vu un couple au rez-de-chaussée, dit Genevois. Des jeunes. Ils ne la connaissaient pas beaucoup. La victime était récente dans l'immeuble. Ils me l'ont décrite comme une jeune femme aimable, dynamique, discrète et sans problèmes particuliers. En revanche, leur voisine est une dame âgée à la retraite qui la connaîtrait très bien d'après eux. Malheureusement, elle n'est pas chez elle, il faudra que je revienne demain.

— D'accord ! De toute façon, il va falloir élargir l'enquête de voisinage. Comme il va falloir prévenir ses parents. On a leurs coordonnées ?

— Non, mais Nadine est dessus, dit Genevois. Elle doit me rappeler.

La soirée ne faisait que commencer. Il fallait encore inspecter minutieusement l'appartement et attendre la PTS. Le resto était vraiment foutu.

29

Corval et Linda se rendaient au 12 bis boulevard des Oiseaux, à Colombes, chez les parents d'Estelle Roland. Ils avaient laissé le soin à Marchery et Genevois de terminer l'inspection de l'appartement et d'attendre la PTS.

— Qu'en pensez-vous ? demanda Corval.

— Je pense comme Marchery que c'est une dispute qui a dégénéré.

Tout plaidait effectivement pour une dispute qui avait mal tourné. Mais quelle en était la cause ? Une scène de jalousie, un conflit professionnel ? Il n'y avait pas effraction ni traces de lutte. Elle connaissait son agresseur. Il était facile d'imaginer une dispute, une bousculade, la chute accidentelle de la jeune femme et sa tête heurtant la table basse provoquant sa mort. Un terrible enchaînement que le coupable n'avait sans doute pu affronter. Il se serait alors enfui, pris de panique ? Cela expliquerait qu'il n'ait pas pensé à fermer la porte derrière lui. Mais la disparition de l'ordinateur et la fouille des tiroirs du bureau contredisaient un départ précipité. On ne pense pas à fouiller un bureau et à emporter un ordinateur en cas de crise de panique. Dans ce cas, cela tendrait à prouver que le meurtrier était lucide après les faits et qu'il était venu chercher quelque chose. Bien sûr, cela ne remettait pas en cause la dispute, la victime pouvant avoir refusé de donner ce qu'on lui demandait. Mais ce scénario n'était que pure hypothèse, car rien ne prouvait que les tiroirs avaient été fouillés. Ce n'était que le sentiment de Marchery. Quant au portable, la victime pouvait très bien l'avoir laissé quelque part. En tout cas, accident ou non, il y avait eu manifestement une dispute.

— Oui, c'est très probable, répondit Corval en freinant derrière une voiture.

La pluie s'était arrêtée, mais la circulation restait difficile. Le pont de Neuilly était encombré et de nerveux coups de klaxon se faisaient entendre. Le GPS indiquait 11 km pour une arrivée prévue à 21 h 16, mais à cette allure-là ils devraient certainement jouer les prolongations.

— En tout cas, ce n'est pas un cambriolage, dit Linda. Tout est en ordre dans l'appartement. La victime porte encore ses bijoux, j'ai retrouvé ses papiers, sa carte de crédit et il y avait des espèces dans son portefeuille.

Une trouée se fit sur le côté de la file des voitures et Corval en profita pour se faufiler et tourner à droite sur les quais.

— Oui, je crois que l'on peut écarter cette piste.

La circulation se fit légèrement plus fluide et ils arrivèrent au niveau de l'île de la Jatte où ils tournèrent à gauche en direction de Colombes. Le GPS indiquait encore 8 km pour une arrivée à 21 h 27.

Ce nouveau meurtre occupait les esprits et Linda se demandait si c'était bien le moment d'aborder le sujet de son retour à Colomiers. Pourtant, il faudrait bien en parler. L'affaire pour laquelle elle était venue était au point mort. Elle avait partagé toutes les infos en sa possession et apporté toute l'aide qu'elle avait pu. Mais maintenant, elle n'avait plus aucune raison de rester. D'autant qu'il n'était pas dans sa mission d'enquêter sur un meurtre à Paris s'il n'avait aucun rapport avec ceux d'Aurélie Darmon et de Julie Lenoir. Et l'affaire de ce soir n'avait manifestement rien à voir avec celle de ces deux jeunes femmes. Elle jugea finalement que ce n'était pas le moment. Elle verrait ça demain.

Après un embouteillage à l'entrée de la ville, Colombes se découvrait enfin. Ils durent faire tout un circuit pour prendre le boulevard des Oiseaux dans le bon sens. C'était en fait une petite rue. À croire qu'avec toute cette pluie, que le boulevard avait rétréci. Le 12 bis donnait sur un minuscule jardin devant un pavillon d'où s'échappait une pâle lueur par l'une des fenêtres du rez-de-chaussée. Corval se gara sur le bateau devant la grille donnant accès au garage. Ils se précipitèrent vers la sonnette.

Après un bon moment d'attente, Corval allait appuyer de nouveau sur la sonnette quand la porte de la maison s'ouvrit. Ils distinguèrent dans le noir la silhouette d'une femme de petite taille.

— Que voulez-vous ? demanda-t-elle d'une voix trahissant l'irritation.

— Police judiciaire, madame, répondit calmement Corval. Nous avons à vous parler.

La femme resta muette un bref instant avant de déclarer d'une voix toujours aussi irritée.

— Parler de quoi ! Vous êtes vraiment de la police ?

— Capitaine Paul Corval, de la police judiciaire, dit-il en montrant sa carte, et voici ma collègue, la lieutenante Linda Tanga. Vous pouvez nous ouvrir s'il vous plaît ? C'est important.

La femme hésita et se dirigea vers le portail. Elle était en robe de chambre.

— Vous pouvez me remontrer votre carte ? dit-elle d'une voix marquant cette fois-ci l'inquiétude.

Corval s'exécuta et la femme leur ouvrit le portail. Ils la suivirent à l'intérieur de la maison sans dire un mot.

— Régis, c'est la police ! dit-elle en entrant dans un salon à peine éclairé.

À ces mots, l'homme qui regardait un match de foot à la télé se leva d'un bond, intrigué.

— La police ? Que se passe-t-il ?

— Vous êtes bien monsieur et madame Roland, les parents d'Estelle Roland ? demanda Corval.

Les visages se figèrent.

— … Oui, finit par murmurer l'homme d'une voix tremblante, comme s'il pressentait un drame. Que… que se passe-t-il ?

— Nous avons une mauvaise nouvelle…

Corval n'eut pas le temps de finir sa phrase que madame Roland chavirait. Son mari la rattrapa de justesse. Hagard, sa femme dans ses bras, il eut tout juste la force de bredouiller :

— Vous… vous ne voulez pas dire que notre fille…

— Monsieur, je vous en prie, dit Linda en approchant une chaise pour aider l'homme à asseoir son épouse.

L'homme était tétanisé et restait immobile à côté de sa femme qui respirait difficilement en émettant un léger sifflement. Seule la voix du commentateur du match de foot remplissait le vide abyssal qui venait de s'installer dans la pièce.

— Malheureusement, j'ai le regret de vous annoncer qu'elle a été retrouvée morte chez elle, aujourd'hui, dit Corval.

L'annonce fit l'effet d'un coup de poignard. Monsieur Roland s'écria : « Mais… ce n'est pas possible ! Ce n'est pas possible, nous l'avons eue ce matin au téléphone ! »

Corval ressentit dans ce sursaut le désespoir d'un homme se raccrochant à une erreur.

— On peut s'asseoir ? demanda Corval.

L'homme hésita, sonné.

— Je… je vous en prie.

La pièce était surchargée de meubles anciens. Dans un coin, près d'un fauteuil en velours beige, une lampe couvrait de sa pâle lumière une table basse sur laquelle était posé un ouvrage au crochet. Un buffet bas occupait tout l'espace entre les deux fenêtres donnant sur le jardin devant la maison. Dessus, des cadres photo disputaient la place à des bibelots en porcelaine. Corval et Linda s'assirent dans des fauteuils élimés tournant le dos aux fenêtres. En face d'eux, une console en fer forgé encombrée de toutes petites boîtes et, au-dessus, un tableau représentant une scène de bataille navale entre les marines anglaise et française. La pièce était sombre. Le papier peint, couleur olive, pâlissait lamentablement sous l'usure du temps. Seuls des flashs de lumières parvenaient de la télévision. À côté d'une bibliothèque où s'entassaient des livres, ils remarquèrent la même selle d'âne qu'ils avaient vue chez leur fille. Madame Roland respirait toujours avec difficulté.

— Nous sommes vraiment désolés. Toutes nos condoléances.

Seul l'homme remercia d'un léger signe de tête, sa femme essuyant d'un geste machinal une larme qui coulait doucement sur sa joue.

— Que s'est-il passé ? demanda monsieur Roland du bout des lèvres.

— Elle est tombée en arrière et sa tête a heurté la table basse du salon. D'après le légiste, elle est morte sur le coup et n'a pas souffert.

Madame Roland sanglotait en reniflant.

— Un accident ?

— Possible. Pour l'instant, nous n'avons pas de certitude. C'est son voisin qui l'a découverte en venant lui rapporter du café. Vous le connaissez son voisin ?

— Heu… non. Vous croyez qu'il pourrait…

— Non, il n'était pas là au moment du décès.

— Ah…

— Votre fille était célibataire ?

L'homme fit oui de la tête.

— Elle avait quelqu'un dans sa vie ?

— Oui. Enfin… non. Elle venait de se séparer de son compagnon.

— Il y a longtemps ?

— Non, il y a trois ou quatre mois. Un peu après avoir emménagé dans son appartement à Paris.

— Vous connaissez la raison pour laquelle elle avait mis fin à cette relation ?

— Bah… il lui faisait des scènes. Il lui reprochait d'être absente, d'être toujours prise par son travail. Je crois surtout qu'il était jaloux et qu'elle en a eu assez.

L'information était importante. L'altercation à l'origine de la mort de la jeune femme pouvait être due à une scène de jalousie.

— Vous avez été témoin de scènes de jalousie ?

— … Non. On l'a vu quelquefois s'énerver, élever la voix, mais c'est tout. On s'est dit que ça ne devait pas être facile tous les jours.

L'homme fit une pause.

— Nous avons toujours pensé que ce n'était pas un homme pour elle.

— Qu'est-ce qui vous fait dire ça ?

— Bah déjà, il était bien plus âgé qu'elle.

— C'est-à-dire ?

— 39 ans, vous vous en rendez compte ?

Corval ne voyait pas vraiment le problème.

— Mais ce qui nous choquait le plus, reprit-il, c'étaient ses reproches incessants, son comportement coléreux et sa façon de parler, toujours un peu hautaine.

La description était peu flatteuse. Monsieur Roland haussa les épaules et continua sa litanie.

— Il pouvait reprocher à notre fille d'être toujours partie, il était encore plus souvent absent qu'elle.

— Pensez-vous que ce soit un homme violent ?

— … Non. Coléreux, oui, mais violent, je ne crois pas.

La limite entre colère et violence est souvent ténue, pensa Corval.

— Que fait cet homme dans la vie ?

— Il travaille dans une société d'import-export, mais je ne saurais vous dire exactement ce qu'il fait. En tous cas, il est toujours à droite à gauche.

— Vous connaissez le nom de cette société ?

— Oui, c'est… Geximport. Le siège est à Courbevoie.

— Vous pouvez nous donner son nom et son numéro de téléphone ?

— Il s'appelle Romain Cuvillier. Malheureusement, je n'ai pas son téléphone. Mais je peux l'obtenir, ma fille l'avait connu par l'intermédiaire de l'un de ses cousins.

— Très bien, merci. Ils se fréquentaient depuis longtemps ?

— Non.

Il était important d'interroger au plus vite cet ex-compagnon. D'après la description qu'en faisait le père, il apparaissait comme un sérieux candidat à la dispute ayant causé la mort de la jeune femme.

— Quand avez-vous vu votre fille pour la dernière fois ?

— Lundi soir. Elle est venue dîner.

Monsieur Roland répondait d'une voix lasse et monotone.

— Vous avez remarqué quelque chose de particulier dans son comportement ? Elle semblait avoir des soucis ?

— Non, elle était comme d'habitude.

— Elle ne vous a pas dit si son ex cherchait à la revoir ou s'il la harcelait ?

— Non.

— Ces derniers temps, vous avait-elle fait part de difficultés ou bien de problèmes avec des amis, des connaissances ou des personnes de son travail ?

Monsieur Roland reprenait lentement ses esprits. Il se leva pour éteindre la télé.

— Non. Au contraire, elle était joyeuse, elle devait partir à Rome samedi, pour un défilé.

— Elle était mannequin dans quelle agence ?

— Chez Ondine, à Paris.

— Depuis longtemps ?

L'homme réfléchit.

— Un peu plus de quatre ans, je crois.

— Et dans son travail, tout allait bien ? insista Corval.

— Bah oui.

— Vous êtes sûr ?

L'homme se crispa.

— Oui. Nous sommes (*sa voix se fêla quelque peu*) nous étions très proches. Il n'y avait pas de secrets entre nous. Si elle avait eu le moindre souci, elle nous en aurait parlé.

— Comment était votre fille dans la vie ?

— Elle était gentille, calme, prévenante, mais elle avait également un fort caractère et savait se faire respecter. Elle ne supportait pas l'injustice.

Corval se demanda si ce fort caractère n'avait pas contribué à la dispute à l'origine de sa mort. Mais avait-elle été poussée par son ex-compagnon ou par quelqu'un d'autre ?

— Vous pouvez nous parler de ses amis, de ses relations ?

Monsieur Roland eut un mouvement de la main comme pour souligner une réponse évidente.

— Vous savez, le mannequinat était toute sa vie et lui prenait tout son temps. Son cercle d'amis se cantonnait aux relations qu'elle avait dans son travail. Je sais qu'elle était proche d'autres filles de l'agence, notamment d'une jeune asiatique et d'une grande femme noire avec un nom bizarre.

Corval et Linda échangèrent un regard. Il fallait également chercher de ce côté-là.

— Vous avez d'autres enfants ? demanda Linda qui pensait au cercle familial.

— Oui, un fils. Il travaille au Japon.

— Depuis longtemps ?

— Il est en poste depuis un peu plus de deux ans maintenant.

— Ah, très bien.

Ce n'était certainement pas par là qu'ils trouveraient une explication à la dispute.

— Au fait, dit Linda, votre fille aurait-elle laissé son ordinateur chez vous ?

— Heu… non. Pourquoi ?

— C'était juste une question, comme ça.

L'homme ne comprit pas la raison de cette demande.

Pour le moment, ils ne voyaient plus de questions à poser. Le couple semblait épuisé et il était déjà tard.

— Merci pour vos réponses. Nous allons vous laisser. Nous vous recontacterons demain pour que vous passiez à l'Institut Médico-légal identifier le corps de votre fille.

Visage marqué par la douleur, monsieur Roland acquiesça d'un signe de tête. Son épouse, elle, tressautait toujours sous les sanglots.

30

La nuit avait été courte pour tout le monde. La scientifique avait mis du temps à arriver et Marchery et Genevois avaient dû patienter un bon moment. Heureusement, un café serré gommait la fatigue.

À part l'agenda, la fouille de l'appartement n'avait rien donné d'intéressant, si ce n'est un bouton de veste retrouvé sous la table basse. Il n'en manquait aucun à la victime et, au vu de sa taille, il paraissait peu probable qu'il provienne d'un vêtement féminin. Était-il possible qu'il ait été arraché lorsque Estelle Roland s'était agrippée à son agresseur et qu'il ait roulé dessous la table ? Dans ce cas, la scientifique trouverait peut-être de l'ADN. Comme il était possible qu'ils en trouvent dans les tiroirs du bureau.

— Oui, c'est intéressant, dit Corval. Vous allez me mettre la pression sur la scientifique. On n'est pas à l'abri d'un coup de chance. Des fois que l'ADN soit connu dans la base de données…

— Je m'en occupe, proposa Marchery qui avait ses entrées à la PTS.

— Au fait, vous avez trouvé son ordinateur ?

— Non ! L'agresseur l'a sans doute emporté, avança Marchery.

— Ça, c'est toi qui le dis. Elle peut très bien l'avoir laissé n'importe où.

— C'est vrai, mais quand même, si l'on considère la fouille des tiroirs, ce serait logique.

— Ouais… si vraiment ils ont été fouillés. D'où l'importance de mettre la pression sur nos collègues de la PTS…

Marchery acquiesça de la tête. Pour lui, ça ne faisait aucun doute.

— Bon, on va devoir se répartir les tâches si on veut être efficaces, car les événements se précipitent, continua Corval. Nous avons cette nouvelle affaire, mais il y a également du nouveau concernant les meurtres d'Aurélie Darmon et de Julie Lenoir.

— Ah bon ! s'étonna Linda, qui se voyait déjà à Colomiers.

— Oui, Nadine m'a fait part ce matin d'une information qui pourrait relancer l'enquête.

— C'est-à-dire ? demanda Marchery.

— Je vais vous expliquer, mais d'abord traitons les priorités. Lionel, Hervé, je veux que vous retourniez sur place interroger la vieille dame qui était absente hier soir. Si elle connaît aussi bien la victime que les voisins le disent, elle aura sûrement des choses intéressantes à dire. D'après ses parents, leur fille avait rompu récemment avec son compagnon. Peut-être qu'Estelle Roland lui aura fait des confidences. Elle pourra peut-être aussi vous dire quelles étaient ses relations, qui venait la voir et si elle lui avait confié avoir des ennuis.

Les deux compères acquiescèrent de la tête.

— Vous en profiterez pour élargir l'enquête de voisinage.

— Ça marche !

— Il va falloir également détailler ses appels et les messages sur son téléphone et voir où il a borné ces derniers jours.

— Je l'ai donné à Fournier pour qu'il le déverrouille, dit Linda.

— Parfait, j'espère qu'il sera plus rapide qu'avec celui d'Aurélie Darmon. Et puis il faut éplucher son agenda. Lionel, Hervé, vous vous en occuperez dès que vous aurez terminé votre enquête de voisinage.

— OK.

— Parfait. De notre côté, le père d'Estelle Roland nous a brossé un tableau peu reluisant de l'ex-compagnon de sa fille. Un certain Romain Cuvillier. Un homme coléreux et jaloux. C'est d'ailleurs ce qui aurait amené sa fille à rompre avec lui. Monsieur Roland doit nous fournir le numéro de téléphone de cet homme et je vais demander à Nadine de le convoquer rapidement. Il faut savoir s'il a cherché à la revoir. Peut-être qu'il est venu chez elle en espérant renouer, que la discussion s'est envenimée et que dans un moment de colère il l'aura poussée ?

— C'est fort possible, dit Marchery. Il n'y a pas eu effraction et il n'y a pas eu de lutte. Elle connaissait forcément son agresseur.

— Mais pourquoi aurait-il pris l'ordinateur ? fit remarquer Genevois.

— Encore une fois, rien ne prouve que quelqu'un l'ait pris, rétorqua Corval. Estelle Roland peut très bien l'avoir laissé quelque part.

— C'est vrai, admit le brigadier-chef.

— Monsieur Roland nous a donné le nom de l'agence pour laquelle elle travaillait. Je vais m'y rendre cet après-midi. J'en profiterai pour demander si son ordinateur se trouve là-bas. Sinon, il nous a dit qu'ils étaient très proches de leur fille et qu'ils n'avaient rien remarqué de particulier dans son comportement qui puisse déboucher sur un tel drame. Il nous l'a décrite comme une jeune fille calme, gentille, avec néanmoins un fort caractère. Il faudra approfondir la personnalité de cette jeune femme auprès des différentes personnes que nous allons interroger. Je vais demander à Nadine de fouiller sur les réseaux sociaux. On pourra sans doute avoir un éclairage sur la personnalité et les relations de la jeune femme différent de ceux que nous ont décrits ses parents. Enfin, je vais demander que l'on organise leur venue pour la reconnaissance du corps et voir avec Vidal pour l'autopsie. C'est clair comme ça ?

Tout le monde acquiesça de la tête.

— Et concernant l'affaire Aurélie Darmon et Julie Lenoir ? demanda Linda.

— Oui, j'allais y venir. Vous allez avoir du travail Linda. Nadine était affectée par ses recherches infructueuses sur les amis de Thomas Delcourt. Vous la connaissez. Aussi elle a creusé en profondeur les liens familiaux de chacun d'entre eux et elle a découvert qu'un dénommé Théo Lafarge, originaire du Béarn, a des cousins qui habitent à Tournefeuille. Ça ne lui avait pas sauté aux yeux la première fois, car ils n'ont pas le même nom. Elle m'a ressorti son PV d'audition. C'est toi qui l'avais interrogé, dit-il en tendant le dossier à Marchery.

Marchery jeta un œil vite fait. Il se souvint immédiatement du jeune homme en voyant sa photo. Il lui avait d'ailleurs paru différent des autres. C'était un garçon plutôt discret et beaucoup moins exubérant que la plupart des loustics de la bande.

— Tu penses que ça pourrait être lui ?

— Je ne sais pas, mais ça mérite d'être approfondi. Cette information le rend suspect, tu ne crois pas ? C'est la première fois qu'un lien se dessine entre les deux jeunes femmes. Théo Lafarge pourrait très bien avoir sympathisé avec Aurélie Darmon au cours d'une soirée chez Delcourt et connaître Julie Lenoir par l'intermédiaire de ses cousins. Ce n'est pas parce qu'il a déclaré ne pas la connaître qu'il n'a pas menti.

Marchery semblait dubitatif.

— Tu n'es pas d'accord ?

— Bah, sur le lien, oui, mais sur le profil j'ai un doute. On avait parlé d'un homme dans la force de l'âge avec de l'assurance et ce Théo Lafarge me paraît bien jeune et, si je me souviens bien, il m'a paru plutôt timide.

— Ça ne veut rien dire, on s'est peut-être trompés. Il faut creuser cette piste. Linda, je vous demande de prendre ce sujet en main. Voyez avec Nadine pour convoquer ce jeune homme afin de le réinterroger et transmettez les coordonnées de ses cousins à vos collègues de Colomiers pour qu'ils les auditionnent. Il faut savoir s'ils connaissaient la victime. Peut-être qu'ils ont été à l'école ensemble ou qu'elle habitait à côté de chez eux. Vous êtes la mieux placée pour coordonner les deux pôles d'enquêtes et nous faire une synthèse du dossier.

— Comptez sur moi.

31

L'agence Ondine ne payait pas de mine, mais une atmosphère chaleureuse vous enveloppait dès que vous franchissiez la porte. Un fond musical flottait dans l'air et des spots lumineux guidaient le regard vers des posters de mannequins décorant le hall.

Une femme élégante s'approcha.

— Monsieur, vous désirez ?

Corval sortit discrètement sa carte.

— J'aurais souhaité parler à la personne responsable de l'agence.

La femme masqua son étonnement par un sourire commercial manifestement ancré dans ses gênes.

— Oui, bien sûr. Si vous voulez bien patienter, dit-elle en lui montrant un fauteuil, je vais voir si madame Fernstein est disponible. Vous désirez un café ?

— Non, je vous remercie.

Corval regardait les posters accrochés au mur devant lui. La beauté de ces jeunes femmes devait attirer bien des hommes. Était-ce la raison de la jalousie du compagnon d'Estelle Roland ? Romain Cuvillier s'était-il emporté ce jour-là au point de commettre le pire ? Rien ne pouvait l'affirmer pour le moment. Car si le bouton retrouvé sur place laissait à penser que l'agresseur de la jeune femme était un homme, rien n'était moins sûr. Celui-ci pouvait très bien se trouver là avant le drame. Dans ce cas, une femme pouvait tout aussi bien être la meurtrière. Il n'est pas nécessaire d'avoir beaucoup de force pour pousser quelqu'un. Alors, un désaccord entre filles ? Une rivalité professionnelle ?

— Madame Fernstein vous attend, monsieur. Si vous voulez bien me suivre.

Corval emboîta le pas à madame sourire et la suivit dans un escalier étroit qui menait au bureau de la directrice. Devant sa porte grande ouverte, madame Fernstein attendait, soucieuse. Que lui valait la visite d'un policier ?

— Merci, Aurélie, dit-elle en faisant signe au capitaine d'entrer.

Madame Fernstein était de ces femmes qui ont l'art de paraître éternellement jeunes. Grande, svelte, d'une élégance raffinée avec des yeux clairs et profonds, des pommettes saillantes, des lèvres sensuelles, un maquillage tout en douceur et des cheveux blonds effleurant ses épaules. Malgré tout, les rides creusées autour de ses yeux trahissaient, disons… une certaine expérience.

— Je vous en prie, asseyez-vous. Madame Langlois m'a dit que vous êtes de la police. Vous voulez me voir à quel sujet ?

— C'est au sujet d'un mannequin de votre agence. Estelle Roland.

— … Oui. Il y a un problème ?

— Madame, j'ai le regret de vous dire qu'elle a été retrouvée morte chez elle, hier soir.

Le teint de madame Fernstein devint subitement moins lumineux.

— Vous dites ?

— Je suis sincèrement désolé.

— Mais… que s'est-il passé ?

— Pour le moment, nous ne connaissons pas les causes de son décès. Il semblerait qu'il y ait eu une altercation. Mais nous n'en sommes pas sûrs. C'est pourquoi nous devons interroger son entourage, et notamment les personnes qui travaillaient avec elle. Vous comprenez.

« Pauvre petite », lâcha la directrice en s'affalant dans son fauteuil derrière son bureau.

Corval apprécia la réflexion pour la valeur affective qu'elle représentait tout en la trouvant presque drôle s'il n'avait été question de la mort d'une jeune femme qui, justement, était plus grande que lui.

— Estelle Roland travaillait pour vous depuis longtemps ?

— Depuis… presque cinq ans.

Madame Fernstein secouait la tête comme si elle ne voulait y croire, en répétant : « Pauvre petite. »

— Vous pouvez me parler d'elle ?

— Que voulez-vous savoir ?

— Avec qui elle travaillait, comment s'organisait son travail, par exemple ?

— Eh bien… Estelle posait principalement pour des magazines de mode et des marques de prêt-à-porter. Elle était très demandée. Elle avait de la profondeur dans son regard. Une profondeur qui lui donnait un charme juvénile, mais aussi une touche effrontée, empreinte d'aventure et de mystère. Cela plaisait beaucoup à nos clients pour la présentation de leurs collections.

— J'imagine qu'elle devait côtoyer beaucoup de monde.

— Pas vraiment, vous savez. Que ce soit en extérieur ou en studio, les équipes sont réduites.

— Mais elle ne participait pas à des réceptions, à des galas ? Dans ce milieu, c'est courant, non ?

— Oui, pour les mannequins les plus en vogue. Les célébrités, les têtes d'affiche. Mais Estelle détestait cet univers.

— Avait-elle le contact facile ?

La directrice sembla surprise par la question.

— Qu'entendez-vous par le contact facile ?

Corval se rendit compte de sa maladresse.

— Veuillez m'excuser, je me suis mal exprimé. J'ai cru comprendre qu'elle avait de la personnalité, du caractère. Auriez-vous détecté des tensions dans son travail, dans ses relations avec des collègues ou des personnes de votre agence ?

— Non, je ne vois pas. Il est vrai qu'après avoir rejoint notre agence je n'ai plus eu beaucoup l'occasion de m'entretenir avec elle. Mais aucun membre de mon personnel ne m'a remonté le moindre incident. Que ce soit dans le choix des clients, la programmation des événements ou même les défilés pour lesquels elle était demandée. Mais pourquoi cette question ?

— Nous cherchons toujours à approfondir le profil des victimes. Connaître leur mode de vie, leurs amis, leurs relations. S'il y a meurtre, le coupable n'est jamais bien loin des proches.

Madame Fernstein eut un frisson.

— Meurtre ?

Corval ne voulait pas entrer dans les détails.

— Nous ne devons écarter aucune piste. C'est la raison pour laquelle nous devons en apprendre le plus possible sur elle.

— Dans ce cas, je ne suis pas la mieux placée. Demandez plutôt à des filles avec qui elle s'était liée d'amitié. Elles sauront beaucoup mieux que moi vous parler d'elle.

— Vous pouvez me donner des noms ?

— Oui. Je sais qu'elle était proche de Aïwoa Saïnga. Elles avaient rejoint notre agence quasiment en même temps. Et puis dernièrement, elle avait pris sous son aile une jeune débutante : Jade Esther.

— Je vais avoir besoin de leurs coordonnées pour les contacter.

— Je comprends. Juste un instant, si vous me permettez, dit-elle en décrochant son téléphone.

Chloé, veuillez m'apporter les coordonnées de Aïwoa Saïnga et de Jade Esther s'il vous plaît. Profitez-en pour regarder leur programme pour les jours qui viennent... Oui, dans mon bureau, j'attends, merci.

— En général, comment sont les relations entre les mannequins ?

— Que voulez-vous dire ?

— Vous me parlez d'amitié entre certaines d'entre elles, mais n'y a-t-il pas également de la rivalité professionnelle pouvant entraîner des conflits ?

— Non, pas vraiment. Vous savez, nous veillons à ce que la répartition des événements soit équilibrée et corresponde au style de chacune.

Corval ne laissa rien paraître du doute qu'il avait sur cette réponse manifestement commerciale. Dans toutes les sociétés, dans tous les milieux, il y a de la jalousie, de la rivalité. Alors pourquoi pas dans le mannequinat ?

— Et parmi les contacts professionnels d'Estelle Roland ? Les gens qu'elle côtoyait régulièrement, comme le personnel de votre agence par exemple, les relations étaient bonnes ?

— Oui. Estelle était réputée pour être stricte et exigeante, c'est vrai, mais elle était toujours aimable et polie.

— Dernièrement, personne n'a observé un changement dans son comportement, tel que de l'angoisse ou de la nervosité ?

— Non, je n'ai eu aucun écho de ce genre !

— Et du côté de vos clients ? Il n'y a pas eu d'incidents ?

Madame Fernstein marqua un temps d'arrêt.

— ... Non, elle était très professionnelle. De toute façon, les mannequins rencontrent rarement nos clients. C'est l'agence qui sert d'intermédiaire. En revanche, la personne qui la côtoyait régulièrement, c'est monsieur Petrov, le photographe du studio Cristal avec qui nous travaillons. Il est certainement le mieux placé pour vous parler d'elle. Mais nous n'avons jamais eu de retour négatif de sa part.

— Nous allons devoir également le contacter.

Madame Fernstein se pencha vers un petit présentoir.

— Tenez, voici sa carte.

— Merci, dit-il en tendant la sienne en retour. Je n'ai pas d'autres questions pour le moment. Je vous remercie pour le temps que vous m'avez accordé. Si certains détails vous revenaient ou si vous veniez à apprendre des informations pouvant nous être utiles, n'hésitez pas à me contacter.

— Oui, bien sûr, vous pouvez compter sur moi… Oui, entrez !

Une jeune fille entra dans le bureau.

— Ah, Chloé, parfait, c'est pour monsieur. Vous avez regardé les programmes ?

— Oui. Madame Saïnga est à Cannes pour la campagne publicitaire des bateaux Neptune. Elle rentre samedi en fin de matinée. Quant à madame Esther, je n'ai pas de rendez-vous pour aujourd'hui, mais pour demain il est prévu un programme chargé pour la présentation de la nouvelle collection Septime. Mais ça reste à confirmer.

— Merci Chloé.

À peine sorti, Corval se précipita à sa voiture. Il devait d'abord passer voir la juge Balmont qui souhaitait faire un point sur l'affaire Aurélie Darmon avant de passer voir Vidal à l'IML pour l'autopsie d'Estelle Roland et de retourner au commissariat où le commissaire l'attendait pour discuter de ce nouveau meurtre. L'après-midi s'annonçait chargé.

32

Marchery pestait, car il grattait son troisième jeu sans le moindre gain.

— Au moins, ce n'est pas fatigant, ironisa Genevois en lançant un deuxième café.

Marchery haussa les épaules, dégoûté.

L'heure tournait et Corval était toujours dans le bureau du commissaire.

— Qu'est-ce qu'ils foutent ?

Genevois haussa les épaules à son tour, n'ayant aucune idée sur la question.

— Tu veux un autre café ? demanda-t-il.

— Oui, je veux bien, merci. Tu sais où est Linda ?

— Elle est au téléphone, elle arrive.

L'équipe s'impatientait en attendant les dernières infos de leur chef. À part les résultats de l'autopsie, qui confirmaient qu'Estelle Roland était bien morte d'une fracture de la troisième vertèbre cervicale après avoir heurté la table, qu'elle avait bien cherché à s'agripper à son agresseur et que le drame s'était produit entre midi et 13 heures, ils n'avaient pas beaucoup avancé. L'enquête de voisinage n'avait pas été riche en informations et ce n'étaient pas les voisins de la victime qui leur avaient pris beaucoup de temps. L'immeuble n'avait que quatre étages et la plupart des habitants passaient l'hiver loin de la grisaille parisienne. Seule la dame âgée du rez-de-chaussée leur avait parlé d'Estelle Roland. Et encore, pas autant qu'ils auraient pu l'espérer aux dires du jeune couple que Genevois avait interrogé le soir de la découverte du corps. Deux voisines l'avaient croisée, sans plus. Quant aux commerçants du quartier, ils connaissaient effectivement la jeune femme, mais c'était une nouvelle cliente et ils n'avaient pu leur dire que des banalités.

— Merde, encore perdu !

Marchery jeta ses tickets dans la poubelle d'un geste rageur.

— Ah, ça y est, ils ont enfin fini ! dit Genevois en voyant leur chef sortir du bureau du commissaire.

Corval arriva en soupirant.

— Ouf ! Marcelin voulait nous retirer l'affaire Estelle Roland.

— Pourquoi ? demanda Marchery.

— Le substitut du procureur lui met la pression sur l'affaire Aurélie Darmon et il a peur que l'on se disperse avec ce nouvel homicide. J'ai dû batailler pour rester sur le coup en lui rappelant que nous avions démarré l'enquête et commencé à interroger des proches. Affecter une autre équipe maintenant serait du temps de perdu. Et puis je l'ai rassuré en l'informant que de nouveaux éléments relançaient l'enquête sur les meurtres d'Aurélie Darmon et de Julie Lenoir et que notre équipe était dimensionnée pour gérer ces deux affaires en même temps, notamment grâce au renfort de Linda Tanga.

— Ouais, c'est vrai ! reconnut Marchery.

Chacun avait bien conscience que la nouvelle piste découverte à Tournefeuille par Nadine était maigre, mais il fallait bien se raccrocher à quelque chose.

— À ce sujet Linda, vous avez des nouvelles de vos collègues concernant les cousins qui habitent Tournefeuille ?

— Oui, j'étais justement au téléphone avec mon collègue qui suit l'affaire. Le plus jeune des deux n'habite plus Tournefeuille depuis deux ans. Mais P'tit jean a récupéré son adresse et va le contacter. Quant à l'aîné, il doit l'auditionner cet après-midi. Il nous informera dès que ce sera fait. En revanche, les âges des deux cousins ne collent pas avec celui de Julie Lenoir. L'un est plus âgé et l'autre plus jeune. Il y a peu de chances qu'ils aient été à l'école ensemble, d'autant que les parents n'habitent pas du tout dans le même quartier que la victime. Enfin, cela ne veut pas dire pour autant qu'ils ne se connaissaient pas, il y a bien d'autres façons de se rencontrer.

— C'est juste.

— Sinon, j'ai convoqué Théo Lafarge pour qu'il s'explique et nous dise s'il connaissait oui ou non Julie Lenoir. Je l'auditionne samedi.

— Parfait ! Je compte sur vous pour nous faire un topo dès que vous aurez rassemblé le maximum d'infos.

— Bien sûr.

— Bon, de votre côté, l'enquête de voisinage concernant l'affaire Estelle Roland, ça a donné quoi ?

Marchery fit la grimace.

— Pas grand-chose. Nous avons d'abord interrogé madame Legrand, la dame âgée du rez-de-chaussée. Mais contrairement à ce qu'avait avancé le jeune couple qui habite à côté de chez elle, elle ne la connaissait pas si bien que cela. Elle nous l'a décrite comme une jeune femme aimable, polie, serviable.

— Elle vous a parlé de Cuvillier ?

— Non, elle n'en a jamais entendu parler. D'ailleurs, elle ne se souvient pas avoir vu Estelle Roland avec un homme. Ce qui ne veut pas dire qu'elle n'en recevait pas. En revanche, elle nous a dit l'avoir vue parfois avec des femmes, notamment une grande fille de couleur et avec une amie, une certaine Elsa.

Corval s'étonna que le père d'Estelle Roland ne lui ait pas parlé de cette amie. Il n'y avait sans doute pas pensé en raison du choc subi par la nouvelle.

— Elsa comment ?

— Elle ne sait pas. Estelle Roland l'avait présentée simplement par son prénom.

— Quoi d'autre ?

— Eh bien, concernant son caractère, elle ne l'a jamais vue s'emporter ni faire la moindre remarque désobligeante.

— Et à part ça ?

— Les petits gâteaux étaient délicieux.

— Tu m'emmerdes avec tes gâteaux ! Qu'est-ce qu'elle a dit d'autre ?

— Rien d'intéressant. On a cherché à savoir si elle lui parlait de son travail, si elle s'était confiée à elle, si elle avait remarqué un changement de comportement ces derniers temps, mais rien. Pour elle, c'était une fille sans histoires, que ce soit dans son travail ou dans ses relations.

— Eh ben, avec ça… Et les autres habitants de l'immeuble ?

— Beaucoup de retraités qui passent l'hiver au soleil dans leur résidence secondaire ou à l'étranger. On a quand même trouvé une dame au troisième et une au quatrième qui ne nous ont rien dit d'autre que ce que nous savions déjà, à savoir une jeune fille discrète et polie. Il faut dire que comme elle était nouvelle dans l'immeuble, elles n'avaient pas eu beaucoup l'occasion de la croiser.

— Et dans le quartier ?

— On n'a rien pu glaner d'intéressant, continua Genevois. On a montré sa photo à des habitants des deux immeubles en face de chez elle, mais à part une personne qui l'avait effectivement croisée, les autres ne la connaissaient pas. Quant aux commerçants, ils ont reconnu sa photo, mais ils ont juste été capables de nous dire que c'était une belle jeune femme, agréable et polie.

Ce n'était pas de bol, l'arrivée récente de la jeune femme dans l'immeuble limitait forcément les chances que les gens la connaissent.

— Vous avez jeté un œil à son agenda ?

— Ouais, mais on n'y comprend rien, avoua Marchery. Des notes ou des phrases sans réel sens. On dirait plutôt des idées qu'elle notait au gré de son humeur. Il y a même des dessins. En tout cas, elle ne s'en servait pas pour noter ses rendez-vous.

— Ça ne m'étonne pas, intervint Linda. Aujourd'hui, les jeunes se servent de leur téléphone comme agenda.

— Fournier a pu le déverrouiller ?

— Il est dessus.

Corval fit la grimace. Comme d'habitude, cela traînait. À la décharge du spécialiste high-tech, il avait des demandes émanant de partout et il ne s'appelait pas Merlin.

— Bon, de mon côté j'ai récupéré des informations à l'agence Ondine. Je passe sur les mêmes commentaires élogieux qui m'ont été faits sur cette jeune femme, mais j'ai les noms de deux de ses amies proches et celui du photographe avec lequel elle travaillait régulièrement. J'ai demandé à Nadine de les convoquer.

— Ah j'y pense, dit Genevois, le père d'Estelle Roland nous a donné le numéro de téléphone de l'ex-compagnon de sa fille. Nadine va le convoquer.

— Parfait.

— Et Nadine a vérifié l'alibi de son voisin, ajouta Marchery. Il était bien sur le vol en provenance de Sofia.

— Très bien… Et du côté labo ?

— J'ai relancé mon contact hier soir. Il m'a promis une réponse dans la journée.

— Tu y crois ? s'étonna Corval.

— Ouais, je lui avais sauvé la mise sur l'affaire Descrière en retrouvant un scellé qu'il avait égaré. Il me doit bien ça.

Corval esquissa un sourire. Comme quoi, les conneries pouvaient servir à quelque chose.

33

Natalia n'avait pas vu la journée passer. Maxime Audebert avait eu un imprévu et elle avait dû le remplacer au pied levé pour accueillir une délégation italienne cherchant à établir une collaboration dans le domaine des micromécanismes. Puis s'était enchaînée une énième réunion avec Jean-Bernard Delpèche, le patron de Solicam, pour finaliser le contrat de coopération en Russie. Comme d'habitude, les discussions avaient été serrées. Mais ils avaient bien avancé et une réunion avec les juristes était prévue lundi après-midi. Elle était épuisée. Elle regarda sa montre. 19 h 27. En se dépêchant, elle arriverait à l'heure à la brasserie du Cadran où elle devait rejoindre Jade. Elle éteignit son ordinateur et se dirigea vers le secrétariat.

— Bonsoir, Delphine, je pars. J'ai laissé sur mon bureau la dernière version du contrat en cours de discussion avec monsieur Delpèche au cas où monsieur Audebert souhaiterait la voir.

— Très bien, mais je doute de le voir avant que je ne parte.

— Ce n'est pas grave, nous en discuterons lundi matin avant la réunion avec les juristes. Bon week-end, Delphine.

— Merci. Bon week-end à vous aussi.

Elle sortit rapidement des bureaux de la colline de Saint-Cloud. Un froid humide la transperça et la fit frissonner. L'enseigne lumineuse de la pharmacie affichait 1°. Elle remonta le col de son manteau et accéléra le pas. C'était le seul reproche qu'elle pouvait faire à Paris par rapport à Moscou. La capitale russe souffrait de températures bien plus basses, mais l'air était sec et le froid ne vous pénétrait pas jusqu'aux os.

Elle était impatiente et contente de revoir Jade. Elle ne l'avait pas vue depuis plusieurs jours et Sébastien étant à l'étranger jusqu'au milieu de la semaine suivante, cela lui offrait une respiration bien méritée au cœur du rythme effréné des journées de travail.

Elle s'engagea dans les couloirs du métro. Arrivée sur le quai, elle s'éloigna d'un clochard couché à même le sol et qui puait l'alcool et l'urine. Elle regarda sa montre. 20 h 16. Elle ne serait pas à l'heure et décida d'envoyer un SMS à Jade pour la prévenir de son retard.

La brasserie du Cadran grouillait de monde en cette fin de semaine. Les habitués, les amoureux, les rencontres d'un soir se partageaient les tables dans une ambiance surchauffée. Natalia cherchait Jade au milieu de ce patchwork coloré et bruyant. Elle finit par l'apercevoir au fond de la salle et se dirigea vers elle en se faufilant entre les tables et en évitant de justesse un serveur chargé d'assiettes remplies à ras bord. En s'approchant, elle se rendit compte immédiatement que quelque chose n'allait pas. Jade était au bord des larmes. Ce regard habituellement si lumineux était aussi sombre qu'un ciel de neige. En la voyant arriver, Jade esquissa un timide sourire, lèvres tremblantes.

— Ça ne va pas ? s'inquiéta Natalia en s'asseyant.

— Estelle est morte, lâcha son amie avec des sanglots dans la voix.

Natalia la regarda sans bien comprendre.

— Estelle…

Jade fit un effort et se reprit.

— Oui, tu sais, mon amie Estelle Roland. Tu l'as vue à la séance photo au studio Cristal. Elle était également présente à l'anniversaire de Nicolas. Brune, cheveux courts…

Natalia revit immédiatement le visage souriant de la jeune femme avec sa coupe à la garçonne et ses yeux verts pétillant de malice. Elle réalisa l'ampleur du drame. Comment était-ce possible ? Si jeune.

— Que s'est-il passé ?

— Je ne sais pas. Elle a été retrouvée morte chez elle. L'agence m'a appelée pour m'annoncer la nouvelle et me dire que la police voulait m'interroger.

— T'interroger ? Mais pourquoi ?

— Je n'en sais rien. Je suis convoquée au commissariat demain matin.

Natalia s'étonna de cette convocation. Pourquoi la police ? En général, celle-ci n'intervenait que lorsqu'il y avait un doute sur la cause de la mort.

— Ils ne t'ont rien dit ?

— Non. Ils veulent juste me poser des questions, répondit Jade, soucieuse.

— Ne t'inquiète pas. Ce sont certainement des questions de routine pour comprendre ce qui s'est passé. Tu étais une de ses meilleures amies, tu es la mieux placée pour parler d'elle.

Cette remarque ne sembla pas rassurer Jade.

— Tu sais si Estelle avait des problèmes ?

— Non, absolument pas. Au contraire, elle était radieuse, épanouie.

Les deux jeunes femmes étaient perdues. Elles restèrent un moment à se regarder sans parler au cœur de ce brouhaha qui les enveloppait sans les atteindre.

— Et dire qu'elle devait partir à Rome demain, se lamenta Jade.

Natalia lui prit la main.

— Ne t'inquiète pas. Téléphone-moi demain après avoir vu la police. Tu me diras ce qu'ils voulaient. Si tu as besoin de moi, je viendrai te voir. Je ne te laisserai pas seule.

Jade soupira. La chaleur qu'elle ressentait venait du cœur et non de la salle surchauffée.

34

Corval tournait en rond dans son bureau. Il n'en revenait toujours pas. L'information était tombée tardivement la veille au soir et personne ne s'attendait à un tel résultat. Le labo était formel, l'ADN relevé sur le bouton découvert sous la table basse était le même que celui retrouvé sur les scènes de crime d'Aurélie Darmon et de Julie Lenoir. Les trois affaires étaient liées et l'on savait maintenant que ce n'était pas une femme qui avait poussé Estelle Roland puisqu'il s'agissait d'un ADN masculin. La piste d'un tueur en série hantait les esprits et l'inquiétude gagnait, car les deux derniers meurtres étaient très rapprochés. Le commissaire Marcelin était nerveux. Les différentes enquêtes se fondaient en une seule et il n'était plus question d'affecter l'homicide d'Estelle Roland à une autre équipe. Il fallait être efficace et surtout faire vite si l'on ne voulait pas avoir une nouvelle victime sur les bras.

L'enquête se compliquait et Corval se creusait les méninges. Comment le meurtrier avait-il rencontré ces trois jeunes femmes évoluant dans des milieux si différents ? Comment s'y était-il pris pour les attirer dans ses filets ? L'étudiante était jeune, peut-être naïve, mais les deux autres victimes étaient plus âgées, avec une expérience professionnelle, plus à même de se méfier. Cela confortait le profil d'un homme d'âge mûr, séduisant, intelligent, manipulateur et inspirant confiance. Bien loin de l'image que renvoyait le jeune Théo Lafarge, même s'il fallait rester prudent en attendant le résultat des recherches lancées à Tournefeuille et son audition prévue dans la journée. Alors, Romain Cuvillier ? Pourquoi pas ? Son profil collait déjà mieux avec celui établi pour le tueur. Plus âgé, jaloux, coléreux et en plus, toujours à droite à gauche suivant le père d'Estelle Roland. Il pouvait très bien s'être rendu du côté de Toulouse pour ses activités professionnelles. Mais ce n'étaient que des suppositions qui se basaient sur les propos d'un père accablé par la douleur. Fallait-il s'y fier ? Car si la jalousie et le tempérament coléreux de Romain Cuvillier pouvaient expliquer la dispute avec son amie et le drame qui s'en était suivi, il se demandait quel aurait pu être son mobile pour les meurtres d'Aurélie Darmon et de Julie Lenoir. C'était le point faible de cette hypothèse. Une idée lui traversa l'esprit. Et si les filles se connaissaient ? Mais cette idée lui parut aussitôt absurde. Comment ces trois jeunes femmes évoluant dans des univers aussi différents auraient-elles pu se connaître ? Surtout que l'une d'elles habitait à l'autre bout de la France. Bien sûr, c'était possible, mais tellement peu probable. Et puis un point le chagrinait. Pourquoi le meurtrier n'avait pas étranglé Estelle Roland ? Il s'agissait manifestement d'un accès de folie pour les deux premiers meurtres, mais pour le troisième ? Sans doute les circonstances. Il aurait cherché à la saisir au cou, elle aurait fait un mouvement de recul pour lui échapper et elle serait tombée à la renverse ? Ça se tenait. Mais tout cela n'expliquait pas ce qui reliait ces trois jeunes femmes. Les auditions de ce matin fourniraient peut-être des pistes.

Il regarda sa montre, le photographe était en retard. Il s'approcha de la fenêtre. Une pluie fine tombait depuis le lever du jour et le manque de luminosité assombrissait la pièce. Un temps à foutre le cafard. Son téléphone sonna. C'était l'accueil.

L'humeur de Marchery oscillait entre l'irritation d'un samedi matin encore foutu et l'espoir de voir l'enquête avancer.

Désœuvré, il lançait machinalement des boulettes de papier dans la corbeille de Genevois qui, avec Linda, était en train d'auditionner une certaine Jade Esther, amie de la victime.

9 h 47. Il commençait à en avoir marre d'attendre. Il se leva et se dirigea vers le bureau de son chef.

— Alors, toujours rien ?

— Si, il vient d'arriver.

— Ah, quand même !

La salle d'audition baignait dans une atmosphère de fin du monde. Les starters des néons grésillaient et l'un d'entre eux avait des sautes d'humeur, ce qui provoquait le hoquet lumineux d'un tube au bord de l'agonie.

Nicolas Petrov se leva à l'entrée des deux policiers. Regard éteint, visage marqué, il semblait affecté par la terrible nouvelle.

— Bonjour. Veuillez vous asseoir, dit poliment Corval. Vous désirez un café ?

— Non, merci.

L'homme semblait tendu.

— Vous êtes bien monsieur Nicolas Petrov ?

— Oui.

— Le photographe du studio Cristal ?

— Oui. Vous pouvez me dire pourquoi je suis là ?

— Le décès de madame Roland est dû à une chute, sans doute à la suite d'une altercation. Nous cherchons à savoir qui pourrait être impliqué et quelle en serait la cause. Pour cela, nous interrogeons les personnes de son entourage susceptibles de nous fournir des informations. Vous comprenez ?

Nicolas Petrov fit un signe de tête positif en guise de réponse.

— L'agence Ondine nous a dit que vous travailliez régulièrement avec madame Roland. On imagine que vous deviez bien la connaître ?

Le photographe ne sembla pas convaincu par cette affirmation.

— Oui, enfin… pas plus que les autres modèles.

— Mais c'est cette jeune femme qui nous intéresse, rétorqua Corval. Vous pouvez nous parler d'elle ?

— Que voulez-vous savoir ?

— Vous la connaissiez depuis longtemps ?

— Bah… depuis l'ouverture de mon studio et mes débuts avec l'agence Ondine.

— C'est-à-dire ?

— Un peu plus de trois ans maintenant.

— Quelle était votre relation avec elle ?

Nicolas Petrov sembla surpris.

— Que voulez-vous dire ?

— Sur le plan professionnel, j'entends.

— Eh bien, c'était une jeune femme très professionnelle justement. Sérieuse. Elle avait de l'écoute, un style décalé et une grâce naturelle qui facilitaient le travail. Il est vrai qu'elle était exigeante, mais cela ne me gênait pas, car je suis moi-même rigoureux. Sinon, que dire d'autre… elle était ponctuelle, aimable, polie.

Ce discours ressemblait trait pour trait à ce que lui avait dit la directrice de l'agence de mannequinat. Cela devait être vrai.

— Quand l'avez-vous vue la dernière fois ?

— En début de semaine. Nous avons fait une série de clichés pour une collection de robes de mariée.

C'était intéressant, car cela remontait seulement à quelques jours avant sa mort.

— Avez-vous remarqué quelque chose de particulier ce jour-là ? Vous a-t-elle semblé perturbée, inquiète ?

Nicolas Petrov accompagna sa réponse de mouvements négatifs de la tête.

— … Non, elle était comme d'habitude.

— Elle n'a rien dit qui maintenant vous paraîtrait bizarre ?

— Non. Vous savez, le rythme de travail est soutenu, tout le monde est concentré, on n'a pas le temps pour les états d'âme.

— Pendant ces années où vous avez travaillé avec elle, avez-vous été témoin d'une dispute ?

— Non. Il est vrai que certaines séances sont parfois tendues à cause de la charge de travail, mais cela n'engendre pas de disputes.

— Vous pouvez préciser ?

— Eh bien, les changements de tenues prennent du temps, cela est fatigant. Les rotations s'enchaînent. Parfois, il faut faire une retouche au dernier moment, ça énerve tout le monde.

— Donc pour vous, tout allait bien avec ses collègues de travail ?

— Pour moi, oui.

— Et en dehors du travail ? demanda Marchery.

Petrov fronça les sourcils.

— En dehors du travail ?

— Oui, il y a eu altercation. On cherche à savoir qui aurait pu lui en vouloir.

— Comment voulez-vous que je sache ?

— Je ne sais pas. Peut-être qu'à l'occasion d'une réception, d'une soirée, vous auriez pu remarquer quelqu'un avec qui elle aurait eu des mots.

— Je ne fréquente pas les mannequins en dehors du travail ! répondit sèchement le photographe.

Le ton de la réponse surprit les deux policiers qui échangèrent un bref regard. Pourquoi cet énervement ?

— Avez-vous entendu parler d'un certain Romain Cuvillier ? demanda Corval.

— Pardon, qui ?

— Romain Cuvillier. C'était le compagnon d'Estelle Roland avant qu'elle ne rompe avec lui il y a quelques mois. On nous l'a décrit comme jaloux et coléreux. Il pourrait être à l'origine de l'altercation. Elle ne vous a jamais parlé de lui ?

Nicolas Petrov eut un bref moment de réflexion.

— Non. Mais… je me souviens qu'elle a eu une discussion animée avec un homme un soir en sortant du studio. Mais je ne sais pas qui c'est.

— Il y a longtemps ?

— Je ne sais plus. Deux, trois mois, peut-être.

— Vous pouvez nous le décrire ?

— Grand, environ 1,80 m, une quarantaine d'années et plutôt photogénique.

L'âge, tout du moins, pouvait correspondre à Cuvillier. Pour le reste, ils auraient confirmation ou non de cet épisode lors de son audition.

À part ce dernier point, Petrov ne leur avait fourni pour l'instant aucune information qu'ils ne connaissaient déjà.

— Une dernière question s'il vous plaît. Avez-vous déjà entendu les noms d'Aurélie Darmon ou de Julie Lenoir ?

— Non, qui sont ces femmes ?

— Des personnes qu'aurait pu connaître Estelle Roland.

— Non, ces noms ne me disent rien. Pourquoi ?

— Eh bien, Estelle Roland n'est pas la première victime de l'homme que nous recherchons et nous cherchons le lien qu'il pourrait y avoir entre ces trois jeunes femmes.

L'homme s'étonna.

— Mais la mort d'Estelle n'est pas un accident ?

— Nous ne savons pas quelle est la cause de l'altercation et de la chute qui a entraîné sa mort. En revanche, les précédentes victimes font clairement l'objet d'homicides. Alors, vous comprendrez que l'on se pose des questions.

— Je… oui, je comprends.

— Mais peut-être avez-vous vu l'une d'elle ? demanda Corval en posant les photos d'Aurélie Darmon et de Julie Lenoir devant le photographe.

Nicolas Petrov regarda brièvement.

— Non.

— Vous êtes sûr ? Regardez bien.

— Bah oui. En tout cas, je ne m'en souviens pas.

Corval s'étonna de cette réponse. Il aurait pensé qu'un photographe avait la mémoire des visages.

— Très bien. Écoutez, nous n'avons plus de questions pour le moment. Nous vous remercions de vous être déplacé. Nous serons amenés à vous recontacter si nécessaire.

Nicolas Petrov remercia à son tour et quitta la pièce visiblement soulagé que l'audition se termine.

— Bon sang, il faudra faire quelque chose ! s'énerva Marchery à peine sorti de la salle d'audition. Ce fichu néon m'a donné mal à la tête.

— Ouais, je sais. Ça fait déjà trois jours que je relance pour qu'ils viennent le réparer.

L'état de délabrement du commissariat faisait pitié à voir et pesait sur le moral des troupes.

— Alors, qu'en penses-tu ? demanda Corval.

Marchery fit la grimace.

— Bah, on n'a pas appris grand-chose. À part cette discussion animée un soir à la sortie du studio. C'est maigre. Tu crois que ça pourrait être Cuvillier ?

— Possible. Mais s'il est bien le responsable de la mort d'Estelle Roland, il reste à découvrir pour quelles raisons il a tué les deux autres.

— Et comment il les a rencontrées.

— Ouais, ça aussi c'est un mystère. Peut-être que Genevois et Linda auront obtenu plus de renseignements. Viens, on va faire un point dans mon bureau.

Linda et Genevois n'étaient pas beaucoup plus avancés. Jade Esther était nouvelle chez Ondine et l'amitié qu'elle avait développée avec Estelle Roland était récente.

— Mais elle n'a rien remarqué de particulier ces derniers temps ? insista Corval qui avait du mal à cacher sa déception. Un changement de comportement, de l'inquiétude ? Elle ne lui a pas confié avoir des ennuis ou reçu des menaces ?

— Non, répondit Linda. Pour elle, elle était comme d'habitude. Tout allait bien. Elle s'épanouissait dans son travail. Elle était rayonnante. Elle ne comprend pas ce qui s'est passé.

Les dires des parents d'Estelle Roland, de Nicolas Petrov et de Jade Esther se recoupaient. Rien n'avait attiré l'attention de ses proches pouvant expliquer un tel drame. Cela confortait l'idée d'un acte non prémédité, une dispute ayant mal tourné, et cela ramenait à Cuvillier.

— Et Romain Cuvillier, elle vous en a parlé ?

— Oui. Elle l'a rencontré une fois dans une soirée. Elle n'a pas pu nous en dire beaucoup si ce n'est qu'elle ne l'avait pas trouvé sympathique. Un type arrogant, nerveux, limite désagréable. D'ailleurs, elle nous a confié ne pas avoir été surprise que son amie mette fin à cette relation.

— Cela confirme le profil qu'on nous en a fait, souligna Marchery. Coléreux, jaloux, le genre de type à ne pas pouvoir se contrôler.

Corval dodelinait de la tête, pensif.

— T'es pas d'accord ?

— Si, si. Je pensais simplement au fait qu'il n'a pas étranglé Estelle Roland, contrairement aux deux premières victimes.

— Rien ne prouve qu'il n'ait pas essayé, rétorqua Marchery. Il a pu la faire tomber en essayant de l'attraper. Les premiers meurtres montrent que c'est un détraqué, je ne vois pas pourquoi il aurait changé de méthode. Cette fois, elle est morte avant qu'il n'ait eu besoin de l'étrangler, c'est tout.

— Oui, c'est aussi ce que je me suis dit.

— C'est évident !

Évident, certes, mais fallait-il encore le prouver.

— Sinon, vous lui avez parlé d'Aurélie Darmon et de Julie Lenoir ? demanda Corval.

— Oui, mais elle ne les connaît pas. Elle ne les a jamais vues.

— Je ne suis pas étonné. J'ai du mal à croire que ces femmes se connaissaient. Je pense que le meurtrier les a rencontrées par hasard, ou dans le cadre de son travail ou bien par l'intermédiaire d'une tierce personne.

— Tu as raison, dit Marchery. C'est pour cela qu'on ne risque pas de trouver un lien entre elles.

Un silence envahit le bureau du capitaine. Le constat n'était pas encourageant. Malgré tout, ils avaient avancé. Car si les auditions de la matinée ne leur avaient pas apporté d'informations autres que celles qu'ils connaissaient déjà, elles avaient quand même souligné que le profil de Cuvillier était proche de celui du tueur. Cela ne prouvait pas sa culpabilité, bien sûr, mais il devenait le suspect principal, voire le seul si on éliminait Théo Lafarge en raison de son jeune âge et de son manque de maturité. L'audition de Cuvillier devenait capitale. Ils seraient rapidement fixés, car Nadine avait pour mission de le convoquer au plus vite. Pour aujourd'hui, il ne restait que les auditions de Aïwoa Saïnga, la deuxième amie d'Estelle Roland, et celle de Théo Lafarge, même si celle-ci ne semblait plus réellement justifiée. Mais Linda l'avait convoqué et il fallait quand même écouter ce qu'il avait à dire. La matinée n'était pas terminée.

35

Natalia, Jade et Aïwoa s'étaient donné rendez-vous au restaurant « Le Patio » pour déjeuner. La mort d'Estelle avait profondément bouleversé ses amies de l'agence et Natalia s'était jointe à elles pour les aider à surmonter leur peine. Rien de tel qu'une bonne table pour se remonter le moral. L'audition de la veille les avait mises dans tous leurs états. Ce qu'elles avaient pensé être un accident se révélait en fait être un événement beaucoup plus inquiétant. L'agresseur d'Estelle était également recherché par la police pour un double homicide. Le connaissaient-elles ? L'avaient-elles croisé ? Elles avaient beau chercher dans l'entourage de leur amie, elles ne voyaient personne capable de commettre de tels crimes. Bien sûr, elles avaient tout de suite pensé à Cuvillier, mais Estelle n'avait jamais fait allusion à la moindre violence physique de sa part. Oui, il avait tendance à s'énerver facilement, oui il était parfois désagréable, mais jamais violent. Non, ce qu'elle lui reprochait, c'était sa jalousie maladive. Ses questions indiscrètes, ses sous-entendus et ses reproches injustifiés avaient lentement rongé le fil de leur relation et celui-ci avait logiquement fini par se briser. De toute façon, elle avait rompu avec lui depuis plusieurs mois. S'il lui avait causé le moindre problème ensuite, elle en aurait parlé. Ce n'était certainement pas le cas, car elle leur avait confié être plus heureuse maintenant. Elle avait retrouvé sa liberté, disait-elle. Elle n'avait plus de comptes à rendre et elle pouvait se concentrer entièrement à son métier. À leur connaissance, elle n'avait pas d'homme dans sa vie depuis sa rupture avec Cuvillier. Tout du moins, elle ne leur avait rien dit à ce sujet. Alors qui ? Elles avaient beau faire le tour des hommes qui gravitaient dans leur entourage professionnel, aucun d'eux ne leur semblait avoir le profil d'un tueur. Non, vraiment, elles ne voyaient pas.

Elles sortirent du restaurant avec mille questions en tête. Le froid avait fait son retour et une légère brise leur piqua les joues. Un soleil rasant leur faisait de l'œil au bout de la rue. Un beau temps d'hiver.

Les parents d'Estelle avaient demandé à ce que les obsèques de leur fille se déroulent en toute intimité. La famille et les proches. Bouleversées par ce drame, Jade et Aïwoa souhaitaient rendre un hommage professionnel à leur amie, et Jade les invitait chez elle à venir regarder des photos pour les aider à reconstituer une carrière bien trop courte.

Elles ne mirent pas longtemps pour arriver devant l'immeuble où Jade habitait. Son appartement se nichait au fond d'une cour que l'on découvrait sitôt la grande porte d'entrée franchie. Au centre de la cour, dans un grand bac en bois, un pâle oranger du Mexique et quatre boules de buis rachitiques faisaient de leur mieux pour embellir cet espace clos. Cette niche de verdure avait bien du mérite.

— C'est au deuxième, dit Jade en déplaçant un vélo d'enfant laissé en plan devant la porte d'entrée de l'immeuble.

L'appartement n'était pas bien grand, mais il était coquet. Les tons pastel d'ocre et de jaune se répondaient, diffusant chaleur et quiétude. La décoration était soignée. Une estampe représentant un samouraï défiant un dragon, des boîtes miniatures laquées, des boules de méditation et un vase cloisonné signaient les origines asiatiques de Jade.

— Mettez-vous à l'aise, je lance un café. Vous pouvez déjà regarder le petit album qui se trouve sur la commode.

Aïwoa avait signé avec l'agence Ondine trois mois avant Estelle. Elle se souvenait parfaitement de la jeune fille qu'elle avait vue arriver avec ses yeux pétillants de malice qui lui donnaient à la fois un côté fragile et une touche rebelle.

— Tiens, là c'est à ses débuts. Je crois que c'était pour une marque de parfum, mais je ne sais plus laquelle.

— J'ai du mal à la reconnaître, dit Natalia.

— Parce qu'elle n'avait pas encore coupé ses cheveux. Tiens, là, tu la reconnais ?

— Ah oui !

Aïwoa avait développé une grande complicité avec Estelle au fil du temps. Elle se souvenait des lieux insolites, des moments partagés et des séances déjantées.

— C'était à Megève. Qu'est-ce qu'on avait eu froid.

— Tu as toujours froid, dit Jade d'un ton moqueur en déposant le plateau avec les tasses.

— Mais non, tu exagères !

— Alors ?

— Il n'y a pas beaucoup de photos. Si j'avais su, j'aurais amené mon ordinateur.

— Mais j'en ai d'autres sur mon portable. Des plus récentes. Une minute, je l'apporte.

Cela faisait presque une heure que la carrière d'Estelle défilait sous leurs yeux. Au fil des années, on voyait une jeune fille timide devenir une femme. Une femme à la beauté toujours plus éclatante avec une aisance grandissante devant l'objectif et un style qui s'affirmait. Les anecdotes s'enchaînaient et, petit à petit, la tristesse avait fait place aux rires.

Mais tout à coup, le visage de Jade se figea.

— Quelque chose ne va pas ? s'inquiéta Natalia.

— Là, au milieu, ce n'est pas une des filles dont la police nous a montré la photo ? demanda-t-elle, intriguée.

Aïwoa se pencha pour mieux voir.

— Mais oui, tu as raison !

Un silence pesant s'installa. Natalia réagit la première.

— Attendez, vous voulez dire que la fille sur cette photo est une des filles qui a été tuée par l'agresseur d'Estelle ?

Sur la photo, Estelle et une autre femme entouraient une jeune fille souriante. Elle devait avoir 18/20 ans.

— Oui, murmura Jade, réalisant ce que cela impliquait.

Elles se regardèrent. Elles ne comprenaient pas. Comment était-ce possible ?

— Qui est l'autre femme sur la photo ? demanda Natalia.

— Elsa. Tu te souviens, elle était à l'anniversaire de Nicolas.

— Et qui a pris la photo ?

— Nicolas, répondit Aïwoa. La photo a été prise dans la salle où l'on se change.

Les visages se crispèrent. L'angoisse les gagnait.

— Comment Estelle a rencontré cette fille ? s'interrogea Jade.

— Il faut demander à Elsa, répondit Aïwoa. Elle est sur la photo, elle doit savoir. Je passerai la voir à la galerie mardi.

— En tout cas, intervint Natalia, ce qui est sûr, c'est que le meurtrier les connaissait toutes les deux.

Cette remarque jeta un froid. Et s'il les connaissait également ? Serait-ce quelqu'un du milieu de la mode ? Étaient-elles en danger ?

— Il faut également demander à Nicolas, réalisa Aïwoa. Il a pris la photo, il connaissait sûrement cette fille.

Jade sursauta.

— Tu ne veux quand même pas insinuer que Nicolas a quelque chose à voir dans cette histoire ?

— Je n'ai pas dit ça, se défendit Aïwoa. Je dis simplement que puisqu'il a pris la photo, il saura peut-être dire comment elle est arrivée dans son studio. Peut-être par l'intermédiaire d'Estelle, mais peut-être par quelqu'un d'autre. Voyons, tu imagines bien que je n'ai aucun doute en ce qui concerne Nicolas.

Natalia se posait la question. Elle ne savait pas quoi penser du photographe. C'est vrai qu'il avait été courtois et sympathique à chacune de leurs rencontres, mais elle le trouvait quand même un peu bizarre. Elle s'était toujours demandé pourquoi il avait invité Jade à l'inauguration des nouveaux locaux de la colline de Saint-Cloud, pour finalement la laisser tomber après le dîner pour une soirée poker. Mais elle se faisait certainement des idées, Jade et Aïwoa connaissaient beaucoup mieux Nicolas qu'elle.

— En tout cas, il faut prévenir la police, dit Natalia.

Personne ne répondit. Les visages étaient crispés. Les rires s'étaient envolés. L'hommage leur était sorti de la tête. La peur s'invitait.

36

— Comment ça à l'étranger ?

Nadine semblait désolée.

— En Roumanie.

Corval reposa brutalement sa tasse de café.

— Depuis quand ?

— Depuis le début de l'année.

— Vous en êtes sûre ?

— Bah oui. Je n'arrivais pas à le joindre alors j'ai téléphoné chez Geximport. C'est là qu'ils m'ont dit qu'il avait quitté la société.

Corval était abasourdi. Cuvillier était à l'étranger depuis le début de l'année.

— Ce sont eux qui vous ont dit qu'il était en Roumanie ?

— Non, je l'ai su par la société pour laquelle il travaille maintenant.

Corval ne chercha pas à savoir comment Nadine avait récupéré le nom de la société. Elle savait faire. En revanche, la Roumanie n'était pas si loin.

— Vous savez ce qu'il fait là-bas ? Il est en poste ? Il est en mission ?

— Je…

La tension montait.

— Il faut demander Nadine, c'est important ! Demandez ce qu'il fait, s'il est revenu en France et si oui, quand !

— Oui, je me renseigne.

— C'est ça, tenez-moi au courant !

Corval était abattu. Si Cuvillier était en Roumanie depuis le début de l'année, il ne pouvait pas être l'agresseur d'Estelle Roland ni le meurtrier d'Aurélie Darmon et de Julie Lenoir. Bien sûr, il fallait vérifier qu'il n'était pas revenu en France en coup de vent afin de régler un problème quelconque, mais cela semblait quand même peu probable, il n'était parti que depuis un mois. Non, cette information l'écartait de l'affaire et ils n'avaient plus aucun suspect, car Théo Lafarge avait soutenu fermement ne pas connaître Julie Lenoir et affirmait être en déplacement chez un fournisseur le jour où Estelle Roland s'était fait agresser.

Il essuya le café qu'il avait renversé, se leva et s'approcha du tableau où figuraient les différentes victimes, les dates des meurtres, les suspects potentiels et les liens qu'il pouvait y avoir dans tout ce micmac. L'ensemble ressemblait à un plan de métro. Les lignes se croisaient, mais ne menaient nulle part.

Il appela l'équipe pour les informer de ce rebondissement qui écartait Cuvillier des meurtres dont il était soupçonné.

Marchery arriva avec le sourire. Pour une fois, il avait battu Genevois au lancer de boulettes de papier. Mais son sourire s'effaça lorsque Corval leur annonça que Cuvillier se trouvait en Roumanie depuis le début de l'année et que, sauf s'il était revenu brièvement en France entre temps, ce qui semblait peu probable, il ne pouvait pas être l'agresseur d'Estelle Roland et donc le meurtrier d'Aurélie Darmon et de Julie Lenoir.

— On est vraiment sûrs qu'il n'est pas revenu en France ? insista Marchery qui avait du mal à croire à ce rebondissement.

— Nadine est en train de vérifier. Mais il y a quand même peu de chances, il n'est parti que depuis un mois.

C'était en effet peu probable. Les visages se fermèrent. C'était la seule piste sérieuse qu'ils avaient et elle s'envolait d'un seul coup. Chacun comprit qu'ils étaient de nouveau dans un cul-de-sac.

— Et Théo Lafarge, on est sûrs de son alibi pour le jour de l'agression d'Estelle Roland ? demanda Genevois, qui voulait se raccrocher à un embryon de piste.

— Je vais vérifier, dit Linda. Mais samedi, il a été précis dans ses explications et il m'a vraiment paru sincère. Et puis mon collègue de Colomiers m'a informé que personne dans l'entourage de Julie Lenoir n'a entendu parler de Théo Lafarge. Ce qui a tendance à confirmer qu'il ne ment pas quand il affirme qu'il ne la connaissait pas.

Bien sûr, il restait à vérifier son alibi, mais plus personne ne croyait réellement en sa culpabilité. Il n'avait pas le profil et on ne voyait pas quel mobile il aurait pu avoir.

Les meurtres de Julie Lenoir, d'Aurélie Darmon et l'agression d'Estelle Roland étaient liés, et ils avaient pensé que cela les aiderait à trouver de nouvelles pistes, de nouveaux indices qui leur permettraient de résoudre à la fois leur enquête et celle de Colomiers. Mais voilà, il fallait bien se rendre à l'évidence, à chaque fois qu'ils trouvaient un suspect, il fallait le rayer de la liste. Le plus terrible dans tout ça, c'est que même en identifiant des suspects potentiels, ils n'arrivaient pas à s'expliquer ce qui avait amené le meurtrier à tuer ces femmes.

— Une dame voudrait voir la lieutenante Tanga, dit Nadine en entrant dans le bureau.

— Qui ça ? demanda Linda.

— Madame Jade…

— Jade Esther ? précisa Linda.

— Oui, c'est ça !

— Ce n'est pas l'amie d'Estelle Roland que vous avez auditionnée samedi ? demanda Corval.

— Si, c'est elle.

— Faites-la venir dans mon bureau, Nadine. Elle a peut-être oublié de nous donner une information.

Un soudain espoir requinqua l'équipe. Qu'avait-elle à leur dire ?

Jade Esther avait dû mal dormir. Traits tirés, elle esquissa un faible sourire, sans doute intimidée par le nombre de policiers présents. Corval lui fit signe de s'asseoir.

— Bonjour, je suis le capitaine Corval et voici mon équipe. Vous connaissez déjà la lieutenante Tanga.

La jeune femme confirma d'un signe de tête. Elle était mal à l'aise et se frottait les mains.

— Vous voulez un café ou un verre d'eau ?

— Non, merci.

— Vous désirez nous voir à quel sujet ?

— Eh bien voilà, hier nous regardions des photos d'Estelle avec des amies et sur l'une d'elles nous avons reconnu une des filles dont la lieutenante nous a montré la photo samedi.

La nouvelle saisit les policiers.

— Vous êtes sûre ?

— Je crois bien, oui. Tenez, je vous ai apporté la photo, dit-elle en sortant son téléphone. Regardez, c'est la fille au centre.

Corval saisit le téléphone que la jeune femme lui tendait. Il reconnut la jeune étudiante.

— C'est Aurélie Darmon, dit-il ébahi en faisant circuler le téléphone.

Cette information était déstabilisante. Ainsi Estelle Roland et la jeune étudiante se connaissaient ? L'idée que les trois femmes puissent se connaître leur avait paru absurde, mais cette photo prouvait qu'au moins deux d'entre elles se connaissaient. Et pourquoi pas la troisième ?

— Et vous n'aviez jamais vu cette fille ?

— Non, je vous assure. Ni mon amie Aïwoa d'ailleurs. On ne sait pas qui c'est.

— Vous savez qui a pris cette photo ?

— Oui, Nicolas !

— Nicolas… Nicolas Petrov du studio Cristal ? demanda Corval.

— Oui.

Corval et Marchery échangèrent un regard. Petrov leur avait certifié qu'il ne connaissait pas la jeune étudiante. Soit qu'il avait menti, soit qu'il n'était vraiment pas physionomiste, ce qui semblait bizarre pour un photographe. Il allait devoir s'expliquer, car s'il connaissait Aurélie Darmon, il connaissait peut-être aussi Julie Lenoir ?

— Vous savez où et quand cette photo a été prise ?

— Elle a été prise à son studio. Quant à la date, je ne sais pas, mais c'est récent, il y a le présentoir en arrière-plan et il n'est là que depuis trois mois.

— Il y a une troisième personne sur la photo, dit Linda. Vous savez qui c'est ?

— Oui, c'est Elsa, une amie d'Estelle.

— Elsa comment ? demanda aussitôt Marchery qui se rappelait le prénom que lui avait donné la vieille dame lors de l'enquête de voisinage.

— Elsa Gauthier.

— Vous la connaissez ?

— Un peu. Je l'ai rencontrée quelques fois.

Il était important de l'auditionner au plus vite. Si elle connaissait Aurélie Darmon, elle connaissait peut-être également Julie Lenoir ?

— Vous avez ses coordonnées ?

— Je n'ai pas son numéro de téléphone, mais je sais qu'elle tient une galerie d'art.

— Vous savez où elle se trouve ?

— Oui, dans le Marais, mais je ne me souviens pas de l'adresse.

— Ne vous inquiétez pas, on va trouver. Vous avez le nom de la galerie ?

— Galerie… Elsa Gauthier.

— Ah d'accord. Eh bien, on va y aller cet après-midi.

— C'est fermé aujourd'hui, fit remarquer Jade. On est lundi.

— Ah oui, c'est vrai !

Corval sentait la jeune femme inquiète.

— Vous avez quelque chose d'autre à nous dire ?

— Non, mais… vous croyez que nous sommes en danger ?

La question était pertinente. Deux au moins des trois victimes du meurtrier se connaissaient et apparaissaient sur une photo prise dans un studio où défilaient des mannequins. Le meurtrier faisait-il partie du milieu de la mode ? Possible, mais pour le moment, rien ne pouvait le certifier. En attendant, il fallait rassurer la jeune femme.

— Non, je ne crois pas. Il est vrai que le meurtrier connaissait Estelle Roland et son amie, mais n'oubliez pas que la troisième victime habitait dans le sud de la France. Ce qui nous éloigne de Paris et du milieu de la mode. Malgré tout, tant que cette affaire ne sera pas résolue, restez prudente et n'acceptez pas de rendez-vous ou d'invitations qui pourraient vous paraître suspectes.

Ces explications et surtout ce conseil ne semblèrent pas rassurer la jeune femme. Au contraire, le fait qu'elle doive faire attention aux approches suspectes avait de quoi inquiéter. Il s'en rendit compte et ajouta :

— Non, ne craignez rien. L'information que vous venez de nous transmettre est importante. Nous allons interroger Nicolas Petrov pour savoir comment il a été amené à prendre cette jeune fille en photo et Elsa Gauthier pour qu'elle nous dise comment, avec Estelle Roland, elles connaissaient Aurélie Darmon. Cela va nous permettre d'avancer. Mais je vous assure, il n'y a pas de raison de s'inquiéter outre mesure.

Cette fois, Jade Esther parut rassurée.

— Avez-vous d'autres questions ?

— Non.

— Eh bien, nous vous remercions pour être venue nous donner cette information. Si vous en sentez le besoin, n'hésitez pas à nous contacter. Tenez, voici ma carte.

— Merci beaucoup, je n'y manquerai pas.

C'était une avancée capitale. Enfin, ils pouvaient relier de façon certaine deux des victimes. Il restait à découvrir comment ces deux filles avaient fait connaissance, cela les aiderait peut-être à faire un lien avec Julie Lenoir. Nicolas Petrov et Elsa Gauthier devraient être en mesure de leur apporter ces informations. Le moral remontait. Un cadre se dessinait. Marchery ne jurait que par le milieu de la mode. Pour lui, c'était évident. D'abord, l'une d'elles était mannequin, ensuite, la deuxième avait été prise en photo dans un studio travaillant pour une agence de mannequinat et enfin, les trois femmes étaient toutes très belles. Corval essayait de le modérer, car s'il y avait un lien entre Estelle Roland et la jeune étudiante, on ne savait pas s'il y en avait un avec Julie Lenoir. D'autant que Tournefeuille est loin de Paris et que la communication n'est pas la mode, faisait remarquer à juste titre Genevois. Mais Marchery ne désarmait pas et reprenait de plus belle en avançant ses arguments. La photo d'Aurélie Darmon avait été prise au studio de Nicolas Petrov. C'était bien le milieu de la mode, non ? Et pourquoi avait-il dit ne pas connaître cette fille ? C'était bizarre. Les arguments faisaient mouche. D'autant que c'était la piste la plus sérieuse qu'ils avaient depuis le début l'enquête.

La conversation battait son plein quand Linda, qui était pensive depuis un moment, posa une question qui surprit tout le monde.

— Vous pouvez ressortir la liste des invités que nous a faite Thomas Delcourt, s'il vous plaît ?

— Heu… oui pourquoi ?

— Je voudrais vérifier quelque chose.

Personne ne comprenait pourquoi Linda demandait à voir cette liste.

Corval sortit la liste que Delcourt leur avait fournie. Linda la consulta rapidement.

— Voilà ! Il me semblait bien que ce nom me disait quelque chose. Elsa Gauthier, je l'ai interrogée dans le cadre du meurtre d'Aurélie Darmon.

Chacun la regarda avec stupéfaction.

— Ah bon ? s'étonna Corval, qui réalisait tout à coup. Mais… il y a quelque chose que je ne comprends pas, vous lui aviez montré la photo d'Aurélie Darmon ?

— Évidemment !

— Et elle vous a dit ne pas la connaître ?

— Oui ! Enfin, c'est ce qu'elle a prétendu. Manifestement, elle a menti.

Cela changeait la donne. Ils croyaient avoir une piste toute tracée dans le milieu de la mode et voilà que l'affaire s'embrouillait de nouveau en les ramenant aux soirées de

Thomas Delcourt. Pourquoi cette fille avait-elle menti ? Que cachait-elle ? Qui protégeait-elle ? Et si c'était Théo Lafarge ? Était-il suffisamment machiavélique pour tromper tout le monde ? Se seraient-ils trompés sur le profil du tueur ? Dans ce cas, quel rapport avec la mode ? Mais y en avait-il un d'abord ?

— Il faut absolument interroger cette fille au plus tôt, dit Corval, elle est au cœur de cette histoire. On s'en occupe demain à la première heure.

— Pourquoi attendre demain ? dit Linda. On a ses coordonnées sur le PV d'audition, on peut y aller aujourd'hui. Avec un peu de chance, elle est chez elle.

— Vous avez raison. Ressortez-moi son adresse, on va aller l'interroger. Pendant ce temps, Lionel, Hervé, vérifiez l'alibi de Théo Lafarge, il nous balade peut-être depuis le début avec son air de premier de la classe. Et contactez Petrov. Il faut savoir s'il se rappelle ce cliché. Lui aussi nous cache peut-être quelque chose. Je vais demander à Nadine de faire des recherches sur ce type.

37

L'appartement d'Elsa Gauthier se trouvait juste au-dessus de la galerie. Corval et Linda se firent la réflexion que c'était à deux pas de chez Thomas Delcourt. Ils s'arrêtèrent un instant devant la vitrine où dominaient des toiles d'art moderne. Corval n'y connaissait rien, mais son regard fut attiré par un tableau intitulé « Féerie d'automne ». Il ne voyait pas bien ce qu'il y avait de féerique dans ce fatras de couleurs et se dit que ce devait être le côté abstrait et mystérieux de l'œuvre qui justifiait le titre. Ses interrogations s'arrêtèrent net en voyant le prix : 4610 €.

— C'est là ! dit Linda en montrant l'entrée de l'immeuble qui jouxtait la boutique.

Un escalier sombre les conduisit au premier étage où il n'y avait qu'une seule porte. Ils ne pouvaient pas se tromper. La sonnette émit un faible son métallique. Des pas résonnèrent et la porte s'ouvrit. Ils reconnurent aussitôt la jeune femme qui figurait sur la photo que leur avait montrée Jade Esther.

— Madame Elsa Gauthier ? demanda Corval.

— … Oui, répondit la femme, surprise par cette visite inattendue.

— Capitaine Paul Corval de la police judiciaire, dit-il en montrant sa carte, et voici ma collègue la lieutenante Linda Tanga. On peut vous parler ?

La femme fronça les sourcils.

— Heu… oui. C'est à quel sujet ?

— C'est au sujet de votre amie Estelle Roland.

— Que se passe-t-il ?

Manifestement, Elsa Gauthier n'avait pas l'air d'être au courant du drame.

— On peut entrer ?

La femme hésita et finit par leur faire signe d'entrer.

Ils pénétrèrent dans un salon spacieux où le modernisme, là encore, dominait. Des meubles blancs leur piquèrent les yeux. Un lampadaire en alu brossé diffusait une lumière éclatante pour compenser le manque de luminosité d'une triste journée d'hiver. La décoration était épurée et sur un mur se détachait un tableau à la composition si complexe que Corval se demanda s'il n'était pas accroché à l'envers. Au milieu de la pièce, comme des yeux inquisiteurs, deux fauteuils rouges en forme de corolle de fleur faisaient face à un canapé en cuir blanc. Corval trouva que cela manquait terriblement de chaleur. Seul le parquet qui craquait sous leur pas rappelait la vétusté des lieux.

Elsa Gauthier leur fit signe de s'asseoir dans les fauteuils et prit place en face d'eux sur le canapé. L'inquiétude se lisait dans ses yeux. Corval hésita et se lança.

— Madame, nous avons le regret de vous annoncer la mort de votre amie Estelle Roland.

La jeune femme resta sans réaction, comme si elle n'avait pas entendu la phrase du capitaine.

— Elle a été retrouvée morte chez elle mercredi soir.

Elsa Gauthier fixait le policier d'un regard vide. Lentement, ses lèvres se mirent à trembler. Puis son corps tout entier. Un seul mot sortit de sa bouche, comme un cri de colère :

— Pourquoi ?

C'était justement la question. Ils avaient une idée du comment, ils savaient quand, mais ils ne savaient pas pourquoi. Corval esquissa un rictus en guise de réponse.

Elsa Gauthier se redressa. Elle commençait à réaliser.

— Comment est-elle morte ?

— Elle est tombée en arrière et sa tête a heurté la table basse du salon, sans doute suite à une altercation.

Des larmes commencèrent à perler.

— Une altercation ? Avec qui ?

— Nous ne savons pas. Sans doute avec une personne avec laquelle elle avait un différend.

Corval se rendit compte aussitôt de la bêtise de sa réponse et enchaîna rapidement.

— Elle ne vous avait pas confié avoir des problèmes, notamment avec un homme ?

— Non, absolument pas.

— Ses parents nous ont dit qu'elle avait rompu avec son compagnon il y a quelques mois, vous savez si elle avait retrouvé quelqu'un ?

— Non, elle n'avait personne. Je crois que le dernier l'avait vaccinée pour un moment.

Décidément, Cuvillier faisait l'unanimité.

— Quand avez-vous vu votre amie pour la dernière fois ?

— Il y a une semaine.

— Avez-vous remarqué quelque chose de particulier ? Vous a-t-elle semblé perturbée, anxieuse ?

— Non…

— Rien dans son comportement, ses propos, ne vous a fait penser qu'elle pouvait avoir des ennuis ?

— Non !

Corval se posait des questions. L'altercation n'était pas arrivée comme ça, sans signes précurseurs. Était-il possible que la jeune femme n'ait rien vu venir, rien remarqué ? Elle avait manifestement menti en prétendant ne pas connaître Aurélie Darmon. Que cachait-elle ? Couvrait-elle quelqu'un ? Il fallait éclaircir cette histoire de photo.

— Vous connaissez l'entourage professionnel de votre amie ?

— Pas vraiment, pourquoi ?

Le studio Cristal, monsieur Petrov…

— Oui, un peu.

— Pas plus que ça ?

— Non… Je n'y suis allée que quelques fois.

— Je crois que vous connaissez mieux le studio Cristal et monsieur Petrov que vous ne le prétendez, intervint Linda.

Elsa Gauthier se figea.

— Comment ça ?

— J'ai eu l'occasion de vous auditionner il y a une dizaine de jours dans le cadre du meurtre d'Aurélie Darmon, une jeune étudiante, vous vous souvenez ?

Elsa Gauthier pâlit.

— Vous nous avez déclaré ne pas connaître cette jeune fille. Je vous remontre sa photo, vous confirmez ?

La jeune femme hésita.

— Quel rapport avec l'agression de mon amie ?

— Le rapport, voyez-vous, c'est que l'agresseur de votre amie est la même personne qui a tué Aurélie Darmon, dit Corval.

Elsa Gauthier sursauta à cette réponse.

— Je crois que vous nous cachez quelque chose, reprit Linda. Il serait temps de nous dire ce que vous savez.

Cette fois, la peur se lisait sur le visage de la jeune femme.

— Mais de quoi voulez-vous parler ?

— De ça ! dit sèchement Linda en lui mettant sous les yeux la photo où on la voyait en compagnie d'Estelle Roland et d'Aurélie Darmon. Comment avez-vous pu prétendre ne pas connaître cette jeune fille alors que vous êtes souriante à côté d'elle sur cette photo ?

— Je… Quand… quand vous m'avez interrogée, je n'ai pas pensé que c'était important.

— Tiens donc ! dit Corval. Une fille se fait tuer, vous la connaissez et vous ne trouvez pas ça important ?

— Je ne l'avais vue que deux fois, je ne savais rien d'elle. Que vouliez-vous que je vous dise ?

— Peut-être comment vous l'avez connue pour commencer !

Elsa Gauthier baissa la tête.

— Je l'ai connue chez Delcourt un soir. Elle était venue avec le frère de mon ami si je me souviens bien. Ce soir-là, je discutais avec un couple du dernier tableau que Thomas m'avait acheté. À la fin de la discussion, cette fille s'est approchée et m'a posé quelques questions. Elle était passionnée de dessin et avait une bonne culture dans le domaine de la peinture. On a discuté un petit moment. C'est comme ça que je l'ai connue.

— Et vous pouvez nous expliquer comment vous vous êtes retrouvées ensemble sur cette photo ?

— Je ne sais plus comment c'est venu, mais dans la discussion nous avons parlé de mode. Ça avait l'air de l'intéresser, alors je lui ai dit que j'avais une amie qui était mannequin et que si elle le souhaitait je pourrais la lui présenter. C'est ainsi que l'on s'est donné rendez-vous un jour au studio. C'est là que la photo a été prise. Mais après, je ne l'ai plus jamais revue, je vous assure.

— Et votre amie Estelle, elle l'a revue après ça ?

— Non, je ne crois pas. En tout cas, elle ne m'en a pas parlé.

Corval réfléchissait. La rencontre d'Estelle Roland et d'Aurélie Darmon, ainsi que la photo prise au studio Cristal trouvaient leur origine. Parfait. Mais est-ce que cela voulait dire pour autant que le meurtrier gravitait dans le milieu de la mode ?

L'hypothèse était tentante si l'on se focalisait sur le studio Cristal, mais ce n'était pas une certitude. Il pouvait très bien avoir rencontré les deux jeunes femmes dans n'importe quel autre endroit. Pour preuve, Julie Lenoir travaillait dans un tout autre secteur et, de plus, elle habitait loin de Paris. Malgré tout, c'était la piste la plus probable même si le lien avec l'assistante en communication restait un mystère. Mais celle-ci pouvait très bien être montée à Paris pour des séances photo. Pourquoi pas ? Après tout, c'était une très jolie fille.

— Vous avez conscience que votre omission a peut-être coûté la vie à votre amie ? Si vous nous en aviez parlé lors de votre audition, nous l'aurions interrogée ainsi que les personnes de son entourage. Nous aurions gagné beaucoup de temps et peut-être découvert qui a tué Aurélie Darmon ainsi que la jeune femme de Tournefeuille.

Elsa Gauthier s'effondra, elle réalisait son erreur.

— D'ailleurs, à ce sujet, vous êtes vraiment sûre de ne pas connaître Julie Lenoir ? continua-t-il en lui remontrant la photo de la jeune femme.

Elsa Gauthier essuya ses larmes.

— Non, je suis formelle. Je ne connais pas cette femme. Je ne l'ai jamais vue, croyez-moi.

Mais fallait-il la croire ? Elle avait bien menti concernant Aurélie Darmon, elle pouvait très bien en faire autant au sujet de l'assistante en communication. En revanche, si elle disait vrai, et sans écarter la possibilité que Julie Lenoir ait fait une apparition dans le milieu de la mode, toute autre piste restait possible et pourquoi pas celle de Théo Lafarge ? D'accord il n'avait pas le profil, mais il connaissait obligatoirement Aurélie Darmon pour l'avoir vue chez Delcourt, il pouvait connaître Estelle Roland par l'intermédiaire de son amie Elsa et, bien qu'il prétende ne pas connaître Julie Lenoir, il avait de la famille à Tournefeuille et pouvait très bien mentir.

— Vous pouvez nous parler de Théo Lafarge ?

— De qui ?

— Théo Lafarge. Un jeune, brun, un peu discret, qui vient aux soirées de Thomas Delcourt, précisa Linda.

— Ah oui. Oui, oui, je vois qui c'est. Que voulez-vous savoir ?

— Pensez-vous qu'il soit capable de s'énerver, de s'emporter, qu'il soit violent ?

Elsa Gauthier mit un moment à comprendre où le policier voulait en venir.

— Écoutez, si vous imaginez que ce pauvre garçon a quelque chose à voir dans ces événements, vous vous trompez complètement. C'est plutôt le genre de type à sursauter au moindre bruit.

Bien sûr, cet avis n'avait que peu de valeur, même s'il semblait sincère. Il était prudent d'attendre que Marchery ait vérifié l'alibi du jeune homme pour se faire une idée.

Hormis l'explication de la rencontre entre Estelle Roland et Aurélie Darmon, ils n'avaient pas appris grand-chose. Corval se posait bien des questions. Pourquoi avait-elle menti en disant ne pas connaître Aurélie Darmon ? Était-elle sincère en prétendant ne pas connaître Julie Lenoir ? Il serait certainement amené à la revoir.

— Vous allez devoir passer au commissariat pour votre déposition. Cette fois, n'omettez rien. Et je vous demande de rester à notre disposition pendant toute la durée de l'enquête.

Elsa Gauthier acquiesça de la tête, effondrée.

Ils sortirent de l'immeuble et se précipitèrent à la voiture, la pluie avait fait son apparition. Ils étaient déçus, ils avaient l'impression de faire du sur place. Il fallait espérer que Marchery et Genevois aient récolté plus d'infos.

38

Natalia était fatiguée, mais satisfaite. Le contrat de coopération avec Solicam était enfin finalisé. Bien sûr, les juristes des deux sociétés avaient encore discuté une bonne partie de l'après-midi pour clarifier certains points, changer un terme ou une virgule, mais la version finale était bouclée. L'activité, centrée sur la fabrication de boîtiers en matière composite sur imprimantes 3 D, fournirait des composants nécessaires à l'usine Mosprom. Le prix attractif de la matière première locale et la suppression des coûts de transports avaient souligné l'intérêt économique d'une telle coopération. La principale difficulté avait concerné l'implantation de l'usine à Moscou. Jean-Bernard Delpèche désirait garder l'indépendance de ses locaux, alors que Audebert industrie souhaitait que les ateliers de Solicam soient intégrés au sein même de l'usine Mosprom. Finalement, une solution intermédiaire avait été trouvée après des études d'implantation poussées et moult présentations du projet aux différents services de l'administration russe concernés. Solicam s'installerait dans un nouveau bâtiment construit sur le même terrain que Mosprom.

Elle posa le contrat sur son bureau. Elle le présenterait au prochain conseil de direction. Maxime Audebert lui avait donné carte blanche. C'était sans doute mieux ainsi, car il ne maîtrisait pas les finesses de la négociation et ne comprenait pas les subtilités du patron de Solicam. C'était certainement la raison pour laquelle il ne s'était pas beaucoup investi dans le dossier et l'avait laissée le plus souvent mener les discussions. D'ailleurs, il avait encore dû s'absenter de toute urgence cet après-midi pour régler un problème personnel.

Elle se servit un verre d'eau et s'approcha de la fenêtre. Une pluie fine tombait et une brume épaisse commençait à se former au-dessus de la capitale. On ne voyait déjà plus la tour Eiffel. Son portable sonna. C'était Aïwoa.

Allô, oui... Non, non, pas du tout, je faisais un break... Oui... Ah bon... Quand, tout à l'heure ? Tu crois ? Mais elle ne t'a pas expliqué ? Évidemment, mais si elle a promis de te téléphoner, il ne faut pas t'inquiéter... D'accord... Tu me tiens au courant ? Moi aussi je t'embrasse.

Natalia raccrocha, perplexe. Jade avait décidé d'aller voir Nicolas Petrov pour lui demander des explications sur la jeune étudiante qu'il avait prise en photo avec Estelle. Ce qui inquiétait Aïwoa, c'était que Jade avait appris quelque chose de troublant à l'agence cet après-midi. Elle n'avait pas bien compris de quoi il s'agissait. Elle aurait sans doute plus d'explications, car Jade avait promis de lui téléphoner après avoir vu Nicolas.

39

Genevois appelait Nicolas Petrov pour la troisième fois et commençait à désespérer de pouvoir le joindre. Il avait tenté sa chance à l'agence Ondine, mais ils n'avaient pas su lui dire où se trouvait le photographe, aucun programme n'étant prévu avec lui pour la journée. Ils lui avaient simplement dit qu'il lui arrivait parfois de couper son portable pour ne pas être dérangé lors d'un *shooting* en extérieur. Ce n'était pas de chance.

Marchery n'était guère plus avancé. La société que Théo Lafarge avait dit avoir visitée le jour de l'agression d'Estelle Roland lui avait bien confirmé le rendez-vous, mais la secrétaire n'était pas sûre de l'heure à laquelle s'était terminée la réunion. 11 h 30, midi ? Le commercial serait plus précis sur l'horaire, mais il n'était pas là. Elle lui avait promis qu'il appellerait dès son retour. En attendant, l'alibi du jeune homme restait bancal. Néanmoins, la société se trouvait à Chartres et même en terminant à 11 h 30 et en roulant comme un malade, il semblait difficile qu'il ait pu arriver à temps pour être chez Estelle Roland entre midi et 13 heures.

Les deux compères étaient désœuvrés et attendaient avec impatience le retour de Corval et Linda pour savoir s'ils avaient des informations exploitables. Rien n'allait comme ils voulaient. Marchery commençait à s'énerver. Seule Nadine restait calme en continuant ses recherches sur le photographe.

Rien qu'à voir leur tête, Marchery comprit que la pêche n'avait pas été miraculeuse.

— Alors ? demanda-t-il, impatient.

— On n'a pas appris grand-chose, dit Corval. On sait quand même comment Estelle Roland a connu Aurélie Darmon. C'est Elsa Gauthier qui la lui a présentée.

— Ah ouais ! ricana Marchery. Elle a prétendu qu'elle ne la connaissait pas. Comment elle peut expliquer ça ?

Corval ricana à son tour.

— Elle prétend qu'elle ne l'avait vue que deux fois et qu'elle ne la connaissait pas suffisamment pour en parler.

— Tu parles, elle nous cache quelque chose, oui !

— C'est bien possible.

— Et comment elles se sont retrouvées ensemble sur la photo ?

— Un soir, chez Thomas Delcourt, elle discutait peinture avec un couple. Après la discussion, Aurélie Darmon l'a abordée. Une discussion en entraînant une autre, elles en sont arrivées à parler de mode. Comme Aurélie Darmon était intéressée, elle lui a proposé de lui présenter son amie. C'est à cette occasion que la photo a été prise.

— J'avais raison, on est bien dans le milieu de la mode.

Marchery tenait à son idée.

— Il y a des chances, même si l'on ne peut écarter définitivement toute autre piste. Je te rappelle que Julie Lenoir ne faisait pas partie de ce milieu.

— Elle vous a dit si elle avait vu ou entendu quelque chose de bizarre ? Si quelqu'un leur tournait autour ?

— Non ! Elle prétend n'avoir jamais revu Aurélie Darmon après le jour où la photo a été prise et, d'après elle, Estelle Roland non plus. Elle n'a aucune idée de qui aurait pu en vouloir à cette fille. Comme à son amie d'ailleurs. En fait, la manière dont ces deux femmes se sont rencontrées est instructive, mais ne nous avance pas pour notre enquête.

Les visages se fermèrent.

— Quand même, c'est troublant, non ? insista Marchery.

— C'est vrai. Peut-être que le photographe pourra nous en dire plus, dit Corval. Vous avez réussi à le joindre ?

Genevois fit la grimace.

— Ça fait trois fois que je l'appelle, sans succès. D'après l'agence, il lui arrive de couper son téléphone pendant des séances photo pour ne pas être dérangé. Je vais encore réessayer.

— Ouais, rappelle ! Et sinon, vous avez eu confirmation de l'alibi de Théo Lafarge ?

— Il était bien à son rendez-vous, dit Marchery. Mais la secrétaire n'a pas été foutue de me dire précisément à quelle heure s'est terminée la réunion. D'après elle, entre 11 h 30 et midi. Le commercial doit m'appeler pour me confirmer l'horaire. Néanmoins, la boîte se trouve à Chartres et il me semble impossible qu'il ait eu le temps de revenir sur Paris pour se trouver chez la jeune femme dans le créneau horaire que nous a donné Vidal, même en roulant à bloc.

— Effectivement, mais ce serait mieux d'avoir la confirmation.

— Ouais, bah j'attends.

Le bilan de l'après-midi n'était pas brillant. Ils savaient maintenant comment Estelle Roland avait connu Aurélie Darmon, mais ils ne savaient pas si cela avait un rapport avec les meurtres. À ce stade, tout était encore possible. L'audition du photographe pourrait les éclairer, mais il était injoignable. Quant à l'alibi de Lafarge, il fallait attendre pour en avoir confirmation. Le temps s'écoulait et ils avaient l'impression de piétiner. La morosité gagnait.

Genevois proposait un café quand Nadine entra dans le bureau.

— Oui Nadine ?

— Écoutez, je ne sais pas si cela a de l'importance, mais en faisant des recherches sur les activités de monsieur Petrov j'ai trouvé une information qui pourrait vous intéresser. En parallèle du milieu de la mode, il travaille pour des agences publicitaires. J'ai gratté un peu et je suis tombée sur ça.

Corval prit la plaquette que lui tendait Nadine.

— Et en quoi c'est intéressant ?

— Eh bien, la société est située dans la banlieue de Toulouse, ce n'est pas loin de Tournefeuille, non ?

C'était une plaquette commerciale pour une société spécialisée dans la mécanique de précision et les micromécanismes. Corval tournait et retournait la plaquette dans tous les sens sous les yeux curieux et interrogateurs de son équipe. Le nom de la société lui disait quelque chose.

— Audebert Occitanie, ça ne vous dit rien ?

Linda sursauta.

— Audebert Occitanie ? C'est la société pour laquelle travaillait Julie Lenoir !

Un silence s'installa. Chacun comprit immédiatement l'importance de cette information. Si Petrov avait participé à la réalisation de cette plaquette, il avait obligatoirement travaillé avec le service communication de la société et rencontré Julie Lenoir à cette occasion. Comme il connaissait déjà Estelle Roland et Aurélie Darmon, cela voulait dire qu'il connaissait les trois victimes. Cette fois, ils tenaient une piste sérieuse.

— Ce serait lui ? réalisa Genevois.

— Je vous l'avais bien dit que cela concernait le milieu de la mode ! s'exclama Marchery.

— Oui enfin, Julie Lenoir n'en faisait pas partie, fit remarquer Corval.

— Il a dû lui faire miroiter une carrière de mannequin, suggéra Marchery. C'était une belle fille.

— C'est possible, dit Linda. Son profil correspond parfaitement à celui que nous avons tracé. Mature, sûr de lui, avec un métier inspirant confiance et où il est facile d'avoir de l'emprise sur de jeunes femmes.

Les pièces du puzzle s'emboîtaient. Pourtant, quelque chose chagrinait Corval.

— Mais pourquoi maintenant ? Il est dans le métier depuis longtemps. Qu'est-ce qui lui a pris tout à coup ?

— Je n'en sais rien, dit Marchery. Le tueur est un malade, un déséquilibré. Il y a eu certainement un élément déclencheur.

Personne ne trouva à redire, c'était logique.

— Non, pour moi, il n'y a aucun doute. D'ailleurs, maintenant que j'y pense, il y a un détail qui ne trompe pas.

— Lequel ? demanda Linda.

— Bah… vous avez remarqué, il n'a plus beaucoup de cheveux. Je suis sûr que c'est l'homme que la voisine a vu s'embrouiller avec Aurélie Darmon quelques jours avant sa mort.

La remarque était judicieuse. Ce n'était pas une preuve dans le sens strict du terme, mais cela confortait le fort soupçon de culpabilité de Nicolas Petrov.

— Le meilleur moyen d'avoir des réponses à nos questions, c'est de l'interroger, dit Corval. On a ses coordonnées ?

— Oui, sur le PV d'audition.

— Bon alors on va le cueillir !

40

La pluie fine de l'après-midi s'était enfin arrêtée et les lumières de la ville semblaient danser dans l'air surchargé d'humidité. Au loin, Natalia reconnut les lettres dorées de la brasserie du Cadran où l'attendait Aïwoa. Elle accéléra le pas, pressée de la retrouver. Que se passait-il ? Aïwoa lui avait téléphoné pour lui dire que Jade n'avait pas donné de nouvelles de son entrevue avec Nicolas et qu'elle n'arrivait pas à la joindre. Elle tombait toujours sur sa messagerie, ce n'était pas normal. D'autant que Petrov ne répondait pas non plus au téléphone. Inquiète, elle lui avait dit qu'elle allait se rendre à l'agence pour savoir s'ils l'avaient vue et lui avait demandé de la retrouver au Cadran pour décider de ce qu'elles devraient faire si Jade restait injoignable.

Perdue dans ses réflexions, elle évita de justesse un homme qui sortait de chez un fleuriste les bras encombrés d'un énorme bouquet. Qui était réellement Nicolas Petrov ? La photo qu'il avait prise d'Estelle Roland et de la jeune étudiante était troublante. C'était quand même deux des victimes de l'homme recherché par la police. Mais jade et Aïwoa semblaient avoir confiance en Nicolas, surtout Jade, alors elle n'avait pas poussé plus loin ses réflexions sur le photographe. Mais maintenant, l'inquiétude la gagnait à son tour. Certains détails lui revenaient à l'esprit. Sa propension à faire la fête, ses soirées poker, cette conversation surprenante saisie à l'improviste à la fin de la séance photo qui pouvait laisser penser qu'il avait des problèmes d'argent, ainsi que cette enveloppe qu'il avait dissimulée maladroitement le jour de son anniversaire. Mais tous ces événements faisaient plutôt penser à des dettes de jeu, alors quel rapport avec ces jeunes femmes et pourquoi ces meurtres ?

Arrivée devant la brasserie, elle laissa passer un couple qui sortait pour entrer. Aussitôt, elle aperçut Aïwoa au fond de la salle qui s'était levée en lui faisant signe de la main. Elle se précipita vers elle.

— Alors ? demanda-t-elle en la voyant le visage défait.

— Je ne sais pas où elle est. Je suis passée à l'agence, ils ne l'ont pas vue. Je suis allée au studio, il est fermé. J'ai fait un saut chez elle, continua-t-elle d'une voix stressée, elle n'y est pas et je n'arrive toujours pas à la joindre.

Natalia ne connaissait pas Jade depuis très longtemps, mais elle savait quand même que ce n'était pas son genre de s'évanouir dans la nature sans donner de nouvelles, surtout si elle avait promis d'en donner. Il devait y avoir une explication.

— Mais qu'est-ce qu'elle t'a dit exactement avant d'aller voir Nicolas ?

Aïwoa reprenait son souffle.

— Eh bien, elle avait des questions à poser à Nicolas. Elle voulait savoir d'où venait cette fille sur la photo avec Estelle, mais elle était surtout troublée par ce qu'elle avait appris à l'agence en début d'après-midi.

— Ah bon, elle t'a dit de quoi il s'agissait ?

— Oui, mais je n'ai pas bien compris. La directrice lui aurait parlé d'une affaire un peu similaire à ce qui est arrivé à la jeune étudiante.

— À l'agence ?

— Non, je ne crois pas. Enfin, je n'en sais rien. Tu crois que cela pourrait avoir un rapport avec l'autre fille dont la police nous a montré la photo ?

— Je ne sais pas.

Les deux jeunes femmes restaient immobiles, pensives. L'inquiétude grandissait. Un serveur les frôla en leur décochant un sourire ravageur, mais elles n'y firent pas attention.

Aïwoa saisit le bras de Natalia.

— Je suis inquiète, il faut faire quelque chose. Elle ne peut pas avoir disparu !

— Tu sais où habite Nicolas ? demanda Natalia.

— Oui, pourquoi ?

— Si Jade n'est pas chez elle, elle est peut-être chez lui ?

— Tu crois ?

— Je n'en sais rien, mais ils se connaissent bien. On peut toujours aller voir.

Une lueur d'espoir parcourut les yeux de Aïwoa.

— Tu as raison. Je suis garée juste en face, viens !

Natalia doutait de cette hypothèse, car cela n'expliquait pas pourquoi Jade ne répondait pas au téléphone, mais elle ne voyait pas ce qu'elles pouvaient faire d'autre.

La circulation était dense, mais Aïwoa connaissait le quartier comme sa poche et sa Mini Cooper se faufilait facilement entre les voitures. En un rien de temps, elle déboucha sur la rue Lecourbe, fit le tour de deux pâtés de maisons et arriva rue des Volontaires. Une voiture quittait sa place de stationnement au moment où elles arrivaient, la chance était avec elles.

Elles se précipitèrent vers l'entrée de l'immeuble où une femme balayait l'entrée. Elles saluèrent poliment.

— Monsieur Petrov, c'est à quel étage ? demanda Aïwoa.

La femme leva la tête sans s'arrêter de balayer.

— Au deuxième, mais il n'est pas là.

— Ah bon ! s'étonna Natalia.

— Oui, je l'ai vu partir avec une dame.

— Il y a longtemps ?

— Je ne sais pas trop. Il y a peut-être une heure.

— C'était une jeune femme de type asiatique ? demanda Aïwoa.

— Oui, il me semble, je n'ai pas vraiment fait attention.

— Vous ne sauriez pas où ils sont partis par hasard ?

La femme s'arrêta de balayer, se redressa et dévisagea ses interlocutrices en s'appuyant sur son balai.

— À l'église, je crois…

Natalia et Aïwoa se regardèrent, surprises.

— À l'église ?

— Bah j'imagine, car j'ai entendu monsieur Petrov parler de chapelle au téléphone.

Aïwoa mit un temps à réaliser avant de dire à Natalia en l'entraînant par la manche :

— J'ai compris. Viens, je sais où ils sont partis ! Merci madame.

— De rien, répondit la concierge en regardant filer les deux jeunes femmes comme des voleuses.

— Ce n'est pas une église, dit Aïwoa en montant précipitamment dans la voiture. C'est un village au sud-ouest de Paris qui s'appelle Milon la Chapelle. Nicolas a une résidence là-bas, j'y suis déjà allée à des soirées.

Elle se reprit à trois fois pour mettre la voiture en marche. L'inquiétude avait fait place à la panique. Elle se rappelait ce que la police avait laissé filtrer lors de son audition. Des jeunes femmes étranglées chez elles. Jade était-elle en danger ?

— J'ai comme un mauvais pressentiment. J'espère que nous n'arriverons pas trop tard.

— Il serait plus prudent d'appeler la police, tu ne crois pas ? suggéra Natalia.

— Oui, tu as raison. J'ai le numéro de téléphone de l'inspectrice que j'ai vue au commissariat. Il est dans mon sac à main. Appelle-la.

41

Marchery conduisait nerveusement en mordant à pleines dents dans un sandwich au camembert. Le boulanger du coin était un ami et lui faisait parfois plaisir. Genevois appréciait modérément les effluves qui envahissaient l'habitacle.

— Tu ne pourrais pas choisir un sandwich au jambon ou aux rillettes, comme tout le monde ?

— Ché pas chouvent qu'il m'en propose, dit-il la bouche pleine en se tournant vers son compère.

— Ouais, bah regarde la route et évite de me postillonner dessus !

Ils approchaient du domicile de Nicolas Petrov et la tension se faisait sentir. La remarque de Corval trottait dans les esprits. Qu'avait-il bien pu se passer pour qu'il devienne subitement un tueur ? Était-il dangereux ?

— Au feu à droite, dit Genevois en ouvrant la vitre pour respirer, l'odeur des gaz d'échappement lui paraissant plus supportable que celle du camembert.

— Tu as l'air de bien connaître le coin, ironisa Marchery. Tu avais une copine par ici ?

Genevois haussa les épaules.

— La rue des Volontaires est la prochaine à gauche.

Il n'y avait pas de place pour se garer. Marchery ne fit pas dans le détail et monta à cheval sur le trottoir sous le regard irrité d'une femme qui s'apprêtait à fermer la porte d'entrée de l'immeuble où habitait Petrov.

— Ce n'est pas une place pour se garer, dit-elle d'une voix s'adoucissant progressivement en voyant la carrure de l'homme sortant du véhicule.

— Police judiciaire ! répondit sobrement Marchery en montrant sa carte. Monsieur Petrov, c'est bien ici ?

La femme eut un léger mouvement de recul, impressionnée.

— Oui, mais…

— Mais quoi ?

— Il n'est pas là.

— Comment vous le savez ?

— Je l'ai vu partir.

— Il y a longtemps ?

— Un peu plus d'une heure maintenant. Il a fait quelque chose de grave ? demanda-t-elle, inquiète. Deux jeunes femmes m'ont posé la même question, il y a à peine dix minutes.

Marchery et Genevois s'étonnèrent.

— Deux jeunes femmes ! Elles vous ont dit ce qu'elles lui voulaient ?

— Non, elles m'ont simplement demandé si je savais où il était allé. Je leur ai dit que je croyais qu'ils étaient partis à l'église. Elles n'ont rien demandé d'autre. Elles sont parties précipitamment.

Marchery avait du mal à suivre les explications de la femme.

— Attendez, quand vous dites « Ils étaient partis » vous voulez dire que monsieur Petrov n'était pas seul ?

— Non, il était accompagné d'une femme. Une autre, je veux dire.

— Vous pouvez nous la décrire ?

— Une Asiatique, m'a-t-il semblé.

Cette description interpella immédiatement Marchery. Ce devait être l'amie d'Estelle Roland qui était venue faire sa déposition au commissariat.

— Et les deux femmes qui vous ont demandé où ils étaient partis, vous pouvez nous les décrire ?

— Oui, deux belles femmes, grandes, élégantes, une blonde et une noire.

Cette fois, il n'y avait aucun doute. La belle noire devait être l'autre amie d'Estelle Roland. Il ne comprenait pas pourquoi ces femmes cherchaient à voir le photographe, mais une chose était sûre, celui-ci était parti avec la jeune asiatique et elle était certainement en danger.

— Pourquoi croyiez-vous que monsieur Petrov était parti à l'église ?

— Je l'ai vaguement entendu parler de chapelle au téléphone, alors évidemment… Mais ça ne doit pas être ça, car j'ai cru comprendre que la femme noire avait deviné qu'il s'agissait d'un autre endroit. Mais je n'ai pas eu le temps de lui demander, elles sont parties précipitamment.

Marchery fit la grimace. Cela ne les avançait pas beaucoup. Ils avaient loupé Petrov et ils n'avaient aucune idée de l'endroit où il pouvait être allé.

— Merci madame. S'il revenait, veuillez nous prévenir immédiatement, c'est important. Voici ma carte.

— Je… Oui, vous pouvez compter sur moi, bredouilla-t-elle en voyant les deux flics tourner les talons.

Marchery but une demi-bouteille d'eau avant de monter dans la voiture. Le sandwich avalé en toute hâte lui restait sur l'estomac. Il s'apprêtait à démarrer quand son téléphone sonna.

Ouais ! Ouais, je sais, on y est, il est parti il y a un peu plus d'une heure, pourquoi ? Ah bon ! Où ça ? D'accord, envoie-moi l'adresse, on y fonce... Ouais d'accord !

— Que se passe-t-il ? demanda Genevois.

— C'était Corval. Une des femmes qui cherchent Petrov les a appelés pour leur dire qu'il était parti avec leur amie Jade Esther. Elles ont dit qu'elles allaient là-bas.

— Elles savent où c'est ?

— Oui ! D'après elles, il serait allé dans un village de la vallée de Chevreuse. Un nom composé avec le mot chapelle dedans. Il m'envoie l'adresse et le nom du domaine. Ils nous rejoignent avec Linda.

Son téléphone bipa. Il ouvrit le message et entra l'adresse dans le GPS.

7, allée du bois – Milon la Chapelle – 78 470

Le brouillard devenait de plus en plus épais au fur et à mesure qu'ils s'éloignaient de Paris. Heureusement, *Simon*e, comme aimait l'appeler Marchery, prévenait suffisamment tôt pour indiquer la route à suivre, sinon, ils se seraient perdus à maintes reprises. Ils approchaient. Ils traversèrent un petit bled nommé Saint-Lambert des Bois, le GPS indiquait encore 2,5 km. La route sinueuse et étroite semblait flotter dans les nuages. Ils aperçurent le panneau d'entrée du village au dernier moment. 200 mètres plus loin, Simone indiqua de sa voix suave : « Tournez à gauche » puis, quelques instants plus tard, *«* vous êtes arrivé, votre destination se trouve sur votre gauche. »

Marchery ralentit. Vous êtes arrivé... vous êtes arrivé, elle était gentille *Simone*, mais il n'y voyait rien dans cette purée de pois. Chercher le 7 revenait à chercher une aiguille dans une botte de foin.

— On a dû dépasser, dit Genevois, collé au pare-brise, cherchant au travers du brouillard le nom du domaine que leur avait donné Corval.

Marchery s'arrêta.

— Tu crois ?

— Ouais, fais marche arrière !

— T'en as de bonnes, toi !

Il baissa sa vitre, engagea la marche arrière et sortit la tête pour suivre ce qu'il lui semblait être le bord de la route. Après une dizaine de mètres au ralenti, Genevois s'écria : « Là, La Huchette, c'est là ! »

Un portail en bois était ouvert. Une allée se perdait dans le brouillard. Marchery hésita et s'engagea dans la propriété. Après quelques mètres, ils distinguèrent dans le flou cotonneux de la lumière s'échappant de la fenêtre d'une grande maison.

— Arrête-toi là, c'est plus prudent.

Ils sortirent de la voiture sans claquer les portières.

— Où vas-tu ? demanda Genevois à voix basse.

— Deux minutes, j'ai envie de pisser.

Genevois s'impatientait. Marchery le rejoignit enfin et ils se dirigèrent vers une grande bâtisse en pierre meulière. Trois voitures étaient garées près de l'entrée. Une seule fenêtre était éclairée sur le côté de la maison.

— Viens, on va jeter un œil, dit Marchery à voix basse en se dirigeant vers la fenêtre.

Ils s'approchèrent doucement. Celle-ci était à bonne hauteur et Genevois ne pouvait rien voir. Marchery se mit sur la pointe des pieds pour regarder à l'intérieur de la maison.

— Alors ? murmura Genevois.

Les vitres étaient embuées.

— Attends, je ne vois pas grand-chose.

Après quelques secondes, il se retourna, le visage trahissant l'incompréhension.

— Alors ?

— Je n'y comprends rien. Petrov et la jeune asiatique sont assis sur un canapé. Le photographe fait de grands signes en parlant à quelqu'un, mais de cet endroit je ne vois pas à qui.

— Certainement aux deux femmes qui le cherchaient !

— Non, non, elles sont juste derrière le canapé ! Il faut que je passe de l'autre côté de la fenêtre.

Marchery se courba légèrement pour passer du côté gauche de la fenêtre et se dressa de nouveau sur la pointe des pieds. Mais aussitôt, il se rabaissa.

— Merde !

— Quoi ?

— Il y a un type avec un fusil !

— Ah bon ! Tu sais qui c'est ?

— Non, jamais vu !

La situation prenait une tournure inattendue et beaucoup plus grave que celle à laquelle ils s'attendaient. Jamais ils n'auraient pensé tomber sur un homme armé. Qui était-il d'ailleurs ? Un homme qui voulait se venger des meurtres commis par le photographe ?

— Il faut intervenir avant que cela ne dégénère, dit Marchery. Viens, on va essayer d'entrer.

Ils se dirigèrent silencieusement vers le devant de la maison. Ils s'arrêtèrent un instant au bas du perron, aucun bruit ne leur parvenait. Ils montèrent les marches. Marchery s'arrêta de nouveau devant la porte, toujours aucun bruit. Il tourna doucement la poignée et ouvrit. Il se retourna vers Genevois pour lui faire comprendre qu'il allait entrer. Ils sortirent leur arme et, sur la pointe des pieds, s'engouffrèrent dans la pénombre du hall d'entrée. Sur la gauche, un mince filet de lumière leur parvenait par le faible entrebâillement d'une porte à double battant. Ils avaient du mal à comprendre ce qui se disait dans la pièce. Ils s'approchèrent lentement et purent enfin capter la conversation. Ils reconnurent d'abord la voix du photographe : « Ça ne sert à rien, voyons ! Tout est fini, lâche ce fusil. » À quoi l'autre homme répondit : « Je n'ai plus rien à espérer, je n'irai pas en prison ! »

Il fallait agir sans plus attendre. Marchery fit un signe de tête à Genevois pour lui signifier qu'il allait entrer. Genevois lui répondit de la même manière qu'il avait compris. Marchery poussa violemment la porte et surgit comme un bolide dans la pièce en pointant son arme sur l'homme qui se tenait devant lui en criant : « Police, baissez votre arme ! » Surpris, l'homme sursauta, fit un brusque pas de côté et se prit le pied dans un tapis. Déséquilibré, il chercha à se redresser et un coup de fusil partit malencontreusement. Genevois qui se trouvait en arrière crut que l'homme avait tiré sur son collègue et fit feu à son tour. L'homme poussa un cri, s'effondra et un deuxième coup de fusil accompagna sa chute. Un silence angoissant fit place au bruit des détonations avant qu'il ne soit rompu par un cri strident. Jade Esther était accroupie à côté d'une femme étendue au sol. Près de la femme, un filet de sang commençait à s'écouler, lentement.

« Natalia ! NATALIA ! »

42

Corval jeta un œil à la pendule. 22 h 57. Il relança un café en attendant que Marchery le rejoigne. Les secours étaient déjà sur place quand il était arrivé au domaine de La Huchette. Les événements s'étaient précipités et il n'avait pu que constater l'étendue des dégâts. L'homme qui tenait le fusil s'appelait Maxime Audebert et était le propriétaire du domaine. Il avait tout de suite fait la relation avec l'affaire Julie Lenoir, l'assistante en communication qui travaillait pour Audebert Occitanie, mais il ne comprenait pas pourquoi celui-ci menaçait le photographe, car, d'après les premières déclarations recueillies sur place, tout indiquait qu'ils étaient des amis proches. Blessé à la hanche, le pronostic vital de Maxime Audebert n'était pas engagé, mais il souffrait le martyre et le médecin lui avait administré un calmant dont la dose aurait pu endormir un cheval. En revanche, la jeune femme étendue au sol avait été atteinte à la poitrine. Son cas était beaucoup plus sérieux. Marchery avait comprimé la plaie jusqu'à l'arrivée des secours, mais le médecin était resté muet sur l'état de sa patiente qui était restée inconsciente jusqu'à son départ à l'hôpital. Ce n'était pas bon signe.

Il fallait maintenant comprendre ce qui s'était passé. Linda et Genevois prenaient déjà les dépositions de Jade Esther et de Aïwoa Saïnga.

Petrov ne se leva pas à l'entrée des deux inspecteurs, mais l'heure tardive et la situation ne prêtaient pas aux remarques. Ils s'assirent en face d'un homme hagard, dévasté pas les événements. Marchery lui tendit un café.

— Vous pouvez nous expliquer ce que vous faisiez au domaine de la Huchette ? commença Corval.

La main du photographe tremblait et du café coula sur la table.

— C'est Maxime qui m'a demandé de m'y rendre.

— Pourquoi ?

Petrov semblait perdu, hébété.

— Pourquoi vous a-t-il demandé de venir ? Pourquoi vous menaçait-il ?

— Il ne nous menaçait pas.

— Ah bon ! Alors, pourquoi il tenait un fusil ?

— Il voulait en finir.

— Il voulait mettre fin à sa vie ?

— Je ne sais pas. Il était confus, paniqué. Après Estelle, Jade, ça faisait beaucoup…

— Que voulez-vous dire ?

— Il avait compris que vous alliez remonter jusqu'à lui.

Corval et Marchery eurent un flash. Jusqu'à lui… Petrov n'était pas le meurtrier ?

— Vous voulez dire que c'est Maxime Audebert qui a tué ces filles ?

Le silence du photographe servit de réponse.

— Vous pouvez nous expliquer ?

Le photographe hésita.

— Après la mort de la jeune étudiante, tout s'est enchaîné rapidement.

— C'est-à-dire !

— Estelle était venue me voir pour m'annoncer que la jeune fille que j'avais prise en photo avait été tuée. Elle l'avait appris par son amie d'enfance Elsa qui avait été interrogée par la police. J'ai fait celui qui n'était au courant de rien.

— Parce que vous étiez au courant ?

Petrov baissa la tête, comme un aveu.

— Alors ! s'impatienta Corval.

— Maxime venait de tuer cette pauvre fille, il était paniqué. Il avait peur que l'on puisse remonter jusqu'à lui à cause des photos que j'avais prises.

— La photo où l'on voit la jeune étudiante avec Estelle Roland et Elsa Gauthier ?

— Non, les autres.

— Quelles autres ?

— Celles que j'ai prises ensuite.

— Vous pouvez être plus clair ?

— Eh bien, cette jeune fille était venue au studio pour rencontrer Estelle et voir comment se déroulait une séance. Pour lui faire plaisir, je l'ai prise en photo et lui ai dit qu'elle pourrait repasser pour avoir une épreuve. Il se trouve que quand elle est repassée, Maxime se trouvait là. Il a flashé sur elle. Comme elle était jolie, il lui a fait miroiter une carrière de mannequin. Il lui a dit qu'il pouvait lui ouvrir des portes, que j'allais lui constituer un book. J'ai donc pris des photos. Les fameuses photos qui pouvaient vous faire remonter jusqu'à lui. C'est là qu'il m'a demandé de l'aide.

— Quel genre d'aide ?

— Il m'a demandé de les récupérer.

— Et vous l'avez fait ?

— Oui.

— Elles sont où ces photos ?

Petrov sembla gêné.

— Je… je les avais mises sur une clé USB.

Marchery se détendit comme un ressort.

— C'est vous qui vous êtes introduit dans l'appartement de la victime pour récupérer la clé USB et qui avez assommé mon coéquipier ? tonna-t-il.

Petrov se recroquevilla, apeuré. Cette fois, il renversa sa tasse et le café inonda la table.

— C'est Maxime qui me l'avait demandé. Vous comprenez bien qu'on ne voulait pas prendre le risque que vous tombiez dessus.

Corval n'en revenait pas.

— Vous vous rendez compte que vous êtes complice d'un meurtre en ayant soustrait des indices dans une affaire d'homicide ?

Petrov tremblait de plus en plus.

— Pourquoi l'avez-vous aidé ?

— Maxime est comme un frère pour moi. Nous nous connaissons depuis le lycée. Nous avons les mêmes idées, les mêmes passions. On a toujours tout fait ensemble. Il m'a soutenu dans mes projets, notamment pour l'ouverture de mon studio. Si l'un rencontre un problème, l'autre est là pour l'aider, c'est naturel.

Le mystérieux projet dont leur avait parlé Isabelle Tellier et la clé USB trouvaient enfin leur explication. Cela expliquait la façon dont Maxime Audebert avait rencontré l'étudiante, mais pas pourquoi il l'avait tuée.

— Vous qui le connaissez si bien, vous pouvez nous dire ce qui s'est passé dans la tête de votre ami pour qu'il se mette soudainement à étrangler des femmes ?

— Je ne sais pas. Un déséquilibre sans doute.

— C'est le moins que l'on puisse dire. Vous avez une idée du genre de déséquilibre qui peut entraîner ce genre de folie ?

Petrov était pâle et respirait difficilement.

— Non. Ce que je sais c'est que lorsque nous étions au lycée, Maxime avait des problèmes avec les filles. Il lui arrivait parfois d'avoir des pulsions violentes. Je n'en ai jamais connu la véritable raison. C'est sans doute la seule chose pour laquelle il ne s'est pas confié. Mais à l'époque, il a suivi un traitement et après, il n'y a plus jamais eu d'incidents de ce genre.

— Pourtant il a tué trois femmes en quelques mois. Il a dû se passer quelque chose. Un événement déstabilisant, un drame familial, une difficulté professionnelle. Il ne vous a rien dit ? Vous n'avez rien remarqué ?

— Non ! C'est vrai qu'après sa nomination comme directeur commercial il a commencé à être stressé. Il redoutait le regard de son père qui ne jurait que par son frère François.

— Quand a-t-il été nommé directeur commercial ?

— Il y a un an environ.

Ce n'était que quelques mois avant le premier meurtre. Le stress lié à une activité aussi importante dans un groupe de la taille d'Audebert Industrie couplé avec un manque de reconnaissance de la part de son père pouvait avoir été le déclencheur d'un déséquilibre mental.

— Et concernant Estelle Roland, vous savez ce qui s'est passé ?

Petrov était au bord des larmes.

— C'est… c'est ma faute. Une erreur que je ne me pardonnerai jamais.

— Quelle erreur ?

— Eh bien, après être venue me voir pour m'annoncer la mort de la jeune étudiante, Estelle est revenue. Cette fois, elle se posait des questions. Elle était tombée sur un article de presse qui parlait d'un autre meurtre, similaire à celui de l'étudiante, commis par le même homme. L'article précisait le nom de la jeune femme et indiquait qu'elle travaillait comme assistante en communication chez Audebert Occitanie. Connaissant ma relation avec Maxime, elle a fait le rapprochement.

— Et… ?

— J'ai d'abord été surpris, je n'étais pas au courant de la mort de cette jeune femme.

— Comment ça, vous n'étiez pas au courant du meurtre de Julie Lenoir ?

— Non, c'est elle qui me l'a appris.

— Vraiment ! Vous avez fait des photos de cette société pour une plaquette commerciale, vous avez été en contact avec le service communication de cette société, une jeune fille travaillant dans ce service se fait tuer et vous n'étiez pas au courant ?

— Non, je vous assure. Je n'ai fait que prendre des photos. C'est Maxime qui m'avait demandé de les faire. J'ai travaillé sur le projet plusieurs mois avant le drame, vous pouvez vérifier. D'ailleurs, je n'ai jamais été interrogé.

— Vous ne savez donc rien sur ce meurtre ?

— Non, je vous le jure.

— Mais pour en revenir à Estelle Roland, quelle erreur avez-vous commise ? redemanda fermement Corval, qui ne comprenait toujours pas.

— Bah… elle insistait. Je lui ai dit que ce n'était qu'une coïncidence, mais je voyais bien qu'elle n'était pas convaincue. J'ai eu peur qu'elle en parle à la police, alors… j'ai prévenu Maxime. Il m'a dit qu'il allait lui parler, lui donner une explication. Je ne pensais pas que cela se terminerait ainsi.

Il était difficile de savoir ce qui avait fait basculer Maxime Audebert dans cette soudaine folie meurtrière. Son audition permettrait peut-être de comprendre. Pour l'instant, seul l'enchaînement des événements s'expliquait. Il avait rencontré Julie Lenoir dans le cadre de ses activités professionnelles et Aurélie Darmon par le fait du hasard. Quant à Estelle Roland, elle avait commis l'imprudence d'être suspicieuse. La curiosité de Jade aurait pu également lui coûter la vie. Petrov n'était peut-être pas au courant du meurtre de Julie Lenoir, mais il avait aidé Maxime Audebert à dissimuler des indices permettant de remonter au meurtre d'Aurélie Darmon et avait précipité, inconsciemment ou non, Estelle Roland dans ses bras par peur qu'elle fasse éclater la vérité. Il était complice.

— Monsieur Nicolas Petrov, il est 23 h 43, je vous signifie votre garde à vue pour complicité dans le meurtre d'Aurélie Darmon. Vous serez déféré devant le juge qui déterminera les suites de la procédure pénale. Vous avez le droit à un avocat.

Épilogue

Alain Audebert était dans son monde, un monde qui s'était écroulé à 8 h 05 lorsqu'il avait appris les raisons de la blessure qui avait conduit son fils à l'hôpital. Devant lui, sa femme, soulagée de la réussite de l'opération, tenait la main de Maxime en lui parlant à voix basse. Il regardait sans voir et écoutait sans entendre. Son cerveau bouillonnait. Des décisions, il en avait prises des milliers dans sa vie, mais il réalisait maintenant qu'il avait échoué sur la plus importante. Il aurait dû s'écouter, ne pas céder aux apitoiements de sa femme, emmener Maxime consulter un psy. Mais il avait été faible, par lâcheté sans doute, mais, pire peut-être, par crainte que cela n'entache le nom de la société. Au lieu de cela, le médecin de famille et surtout sa femme l'avaient convaincu qu'un traitement médicamenteux serait suffisant. Les troubles psychiques de Maxime, liés à son impuissance, s'étaient manifestés dès ses premières amours au lycée et avaient débouché sur des pulsions violentes. Il avait fallu prendre une décision en urgence, ce qui avait sans doute altéré ses facultés de jugement. Avec le temps, la situation s'était normalisée et il avait fini par croire que sa femme avait eu raison. Mais aujourd'hui, les meurtres perpétrés par son fils lui prouvaient cruellement le contraire. Un sentiment de culpabilité l'envahissait. Au-delà du manque de discernement lors de sa décision de l'époque, il se demandait s'il n'avait pas une part de responsabilité dans le drame qui les frappait aujourd'hui. Il avait toujours mis son fils aîné François sur un piédestal et minimisé les compétences de Maxime, le considérant comme un fêtard et un buveur invétéré. Il avait même exprimé sa réticence quand François avait proposé son frère au poste de directeur commercial. Maxime l'avait su et cela avait sans doute contribué à le fragiliser, à créer une fêlure psychologique. Il avait remarqué ses absences répétées et ses excès d'alcool de plus en plus fréquents. Oui, il en était certain, il avait sa part de responsabilité. Qu'avait-il fait ? La colère montait en lui, il n'avait pas su protéger son fils contre lui-même. Qu'allait-il devenir en prison ? Comment pourrait-il l'aider ? Il ressentait la douleur monter au fond de lui. Elle s'ajoutait à la peine qui le rongeait depuis des années. François n'avait pas d'enfants, Maxime non plus, évidemment, et il n'y aurait aucun Audebert pour reprendre l'entreprise. Son cœur se serra. Il repensa à Eugène. Il fit un effort pour ne pas s'effondrer et repensa à la jeune femme qui avait été blessée lors de l'intervention. Il se demanda si elle avait survécu. Il avait tellement entendu parler d'elle. François en disait le plus grand bien.

Il se décida à aller se renseigner.

Un médecin discutait avec une infirmière devant la chambre de Natalia. Alain Audebert resta légèrement en retrait par discrétion. « Vous surveillez ses constantes », entendit-il. « Elle réagit bien, l'enfant est sauvé, mais elle a perdu beaucoup de sang. Je rentre chez moi, je suis épuisé. N'hésitez pas à m'appeler au moindre signe anormal. » L'infirmière acquiesça de la tête.

La conversation à peine terminée, Alain Audebert s'approcha et demanda :

— Excusez-moi, c'est la chambre de madame Karsimova ?

— … Oui.

— Elle va bien ?

— Vous êtes de la famille ?

— Non, je suis monsieur Audebert. C'est… c'est mon fils qui est la cause de ce drame. Je venais prendre de ses nouvelles.

— Rassurez-vous. L'opération a été longue, mais son pronostic vital n'est plus engagé. Elle est arrivée à temps. Il s'en est fallu de peu, dix minutes plus tard…

— Je peux la voir ?

L'infirmière hésita.

— Écoutez, elle est sous sédatif, vous ne pourrez pas lui parler.

— Juste cinq minutes, s'il vous plaît. C'est une personne de ma société et je suis tellement inquiet.

Elle le regarda avec compassion.

— Bon, cinq minutes seulement. Pas plus.

— Merci.

Alain Audebert entra sans faire de bruit. Natalia dormait profondément. Il s'approcha, timidement. Il ne l'avait jamais vue, mais son visage lui sembla familier. Il la trouva belle. Le silence n'était troublé que par le bip des battements de son cœur qui défilaient sur un écran. Il la contemplait, immobile, un poids sur le cœur. Il aurait aimé lui parler, lui expliquer, essayer d'obtenir son pardon, mais à cet instant, il ne pouvait pas. Il reviendrait, elle comprendrait. Il se retint de lui prendre la main et se décida finalement à partir. En se retournant, son regard se posa sur une chaîne et une médaille qui traînaient sur la table de chevet. Son pouls s'accéléra. D'une main tremblante, il saisit la médaille, la retourna et reconnut les lettres A et L, entrelacées.

Imprimé en France
Achevé d'imprimer en juin 2024
Dépôt légal : mai 2024

Pour

Le Lys Bleu Éditions
40, rue du Louvre
75001 Paris